LE
FENG
SHUI

Données de catalogage avant publication (Canada)

Sperandio, Paul

  Le feng shui: transformer son habitat pour influencer son quotidien

  ISBN 2-7640-0243-2

  1. Feng shui. I. Sperandio, Éric Pier. II. Titre.

BF1779.F4S64 1998   133.3'337   C98-941250-4

LES ÉDITIONS QUEBECOR
7, chemin Bates
Outremont (Québec)
H2V 1A6
Téléphone: (514) 270-1746

© 1999, Les Éditions Quebecor

Bibliothèque nationale du Québec
Bibliothèque nationale du Canada
ISBN 2-7640-0243-2

Éditeur: Jacques Simard
Coordonnatrice à la production: Dianne Rioux
Conception de la page couverture: Bernard Langlois
Photo de la page couverture: Réflexion / Photothèque
Révision: Sylvie Massariol
Correction d'épreuves: Jocelyne Cormier
Infographie: Composition Monika, Québec
Impression: Imprimerie L'Éclaireur

Nous reconnaissons l'aide financière du gouvernement du Canada par l'entremise du Programme d'Aide au Développement et l'Industrie de l'Édition pour nos activités d'édition.

PAUL ET ÉRIC PIER SPERANDIO

LE
FENG
SHUI

TRANSFORMER SON HABITAT POUR INFLUENCER SON QUOTIDIEN

LES ÉDITIONS
Quebecor

*L'adaptation de l'environnement à
l'organisme joue dans l'espèce humaine
un rôle plus important que l'adaptation
de l'organisme à l'environnement.*

François Gros, François Jacob, Pierre Royer,
Sciences de la vie et société

LA BULLE IMAGINAIRE
(ou quand l'Orient croise l'Occident)

Il est reconnu en psychologie que l'homme vit dans une bulle imaginaire qu'il transforme selon son désir et ses besoins. De fait, chacun définit des mesures d'éloignement ou de proximité, communément appelées «distances sociales», pour chaque circonstance, lorsque la liberté est acquise, évidemment. À titre d'exemple, nous ne choisissons pas la même distance pour lire une lettre que pour admirer une fresque au musée des Beaux-Arts! De même, la distance souhaitable du chasseur et celle du gibier ne sont pas identiques. Il est donc important d'évaluer nos distances sociales pour tout ce qui nous entoure, même à l'intérieur de notre habitat.

Cependant, cela ne suffit pas. Il faut plus – beaucoup plus – pour créer un cadre agréable, harmonieux et équilibré. Nous pouvons, pour ce faire, profiter de différentes sciences, soit la psychométrie, l'anthropométrie et l'ergonomie, que nous désignerons comme la trilogie environnementale.

La psychométrie, qui est l'ensemble des méthodes de mesures des phénomènes psychologiques reliés aux êtres vivants, est un outil très utile dans l'évaluation et la classification des distances. Elle permet de nous mettre en garde contre les effets néfastes de distances mal évaluées sur des fonctions vitales (vision, ouïe, équilibre, etc.); celles-ci peuvent même en être affectées de façon permanente. Se sentir mal à l'aise dans un espace donné n'est parfois qu'une question de mesures: plafond trop bas ou trop haut, disposition de l'ameublement, etc. Cela peut aussi venir d'une malformation de la géométrie de l'endroit, comme des planchers en pente, un plafond tarabiscoté ou même... une compagnie indésirable, mais cela est un autre problème.

L'anthropométrie, soit l'ensemble des mesures de capacité physique qui régit le fonctionnement de l'organisme humain, viendra à notre secours dans le choix des objets que nous sommes appelés à manipuler. La main de l'homme, par exemple, est faite pour serrer. Le pouce formant mâchoire avec l'ensemble des autres doigts, il est donc convenable de se servir de sa main pour serrer et, si possible, d'un levier. En conséquence, nos poignées de portes devraient être des leviers et non des cylindres ou des boules, qui sont difficiles et parfois impossibles à faire pivoter. Il en est de même pour les robinets qui, une fois humides, sont difficiles à ouvrir ou à fermer. Un bon sens certain guidait nos ancêtres serruriers lorsqu'ils fabriquaient des «clenches à poucier» en optimisant la capacité de la main, et ce, sans avoir appris l'anthropométrie! Le choix, lorsque celui-ci est possible, doit donc se faire en fonction de la capacité physique de l'usager. Bien sûr, les codes qui régissent les logements pour handicapés ou pour personnes âgées tiennent compte de ce qui précède. Alors pourquoi ne pas considérer ces normes pour tous les usagers?

Enfin, l'ergonomie, du grec *ergon* pour action et travail, et nomie, pour science, est la science qui détermine les mesures et les distances fixées par les deux précédents afin d'obtenir la finalité désirée. En fait, l'ergonomie est la science du travail (travail dans le sens large du mot, s'asseoir ou dormir étant également, ici, un travail). C'est pourquoi les ergonomes sont principalement employés par les bureaux de design industriel, ce qui n'empêche pas de constater que les architectes sont des ergonomes et qu'à ce titre, ils se doivent de respecter les normes ergonomiques s'appliquant à leur design.

LA BULLE IDÉALE

Il est important d'être vigilant et sélectif dans le choix de tout ce qui compose les éléments constituant notre habitat.

Selon que nous avons choisi de vivre en appartement ou dans une maison, il nous faudra user d'imagination et découvrir les moyens pour rendre notre habitat le plus près possible du ou des rêves que nous entretenons, parfois secrètement, tout en satisfaisant la mobilité de notre bulle imaginaire, créant ainsi l'harmonie sensitive avec notre environnement.

Comment vivons-nous avec notre bulle, et comment cette bulle se comporte-t-elle à l'intérieur de notre habitat? Et comment réagit-elle face aux autres bulles qui existent dans le même habitat? Toutes les bulles vivent-elles en harmonie, d'abord entre elles, mais aussi avec les contraintes imposées par l'environnement?

Voilà justement où le drame survient parfois: l'espace vital et les distances sociales ne sont pas évalués par tous de la même façon.

Dans la philosophie chinoise, la vie commune implique des règles et des comportements traditionnellement établis et que nul ne doit transgresser. La tradition du feng shui, appliquée et transmise oralement depuis des millénaires, permet de vivre en harmonie la vie de chaque jour puisque l'application de ses principes englobe le respect mutuel et la connaissance des desideratas de chacun, ce qui constitue d'ailleurs le minimum requis pour que règne l'harmonie.

Ayant admis que les distances varient selon les individus, l'aménagement des lieux devrait donc convenir à tous les usagers permanents. Mais les distances et les dimensions ne sont pas toujours faciles à déterminer. Toutes les résidences ont été construites pour les besoins de la population en général, mais les rêves, les aspirations et les objectifs varient d'une personne à l'autre. C'est pourquoi le feng shui accorde une importance très grande à l'accomplissement du but de votre vie.

Chaque espace physique qui vous entoure, chaque symbole, chaque dimension d'objet sous votre regard, chaque distance à parcourir, chaque couleur, chaque ombre, chaque reflet, peut intervenir en bien ou en mal sur le plan de l'équilibre, qu'il soit physique ou mental – bref, vous devez le sentir. Pour cela, vous devez analyser la situation et éventuellement effectuer les correctifs qui s'imposent.

Tout espace de vie peut être modifié, à des degrés et à des coûts différents certes, mais tous sont susceptibles de subir des transformations bénéfiques. Cependant, des précautions s'imposent afin que le résultat final soit l'obtention de la satisfaction et du résultat souhaités, et cela n'a rien à voir avec l'importance de votre fortune ni de votre investissement. Il est incontournable de savoir qu'une construction adéquate selon le feng shui est celle qui possède tous les éléments favorables à la libre circulation d'une énergie positive, le fameux *chi* à propos duquel nous élaborerons davantage un peu plus loin.

Au fil du temps, peut-être devrez-vous revoir vos distances sociales et les adapter selon de nouveaux paramètres, votre bulle subissant, par ce fait, de nouvelles directives plus appropriées. En termes clairs, disons que pour être conforme à un feng shui favorable, toute construction doit être capable de répondre à l'harmonie énergétique favorisant la réalisation des buts de chacun des occupants.

Comme on peut le constater, la transformation des espaces ne doit pas être prise à la légère. Il faut se rappeler que chaque modification est à la fois un gain et une perte.

Par exemple, si vous agrandissez votre maison, l'espace extérieur en est réduit d'autant. Également, si vous agrandissez une pièce sans changer l'enveloppe extérieure d'un habitat, c'est toujours au détriment d'un autre espace. C'est donc à vous de juger, selon vos attentes et vos souhaits, quel est le moindre mal. Changer pour changer n'est pas une bonne idée. Il faut procéder à un changement uniquement lorsque cela ajoute un plus à un *fonctionnement* considéré comme inadéquat – ce ou ces changements doivent également conduire à l'établissement d'un feng shui favorable.

Chose certaine, des plans sont nécessaires. Une analyse exhaustive des gains et des pertes doit être faite. Il faut considérer la période et la durée des transformations, la perturbation de la vie familiale pendant les travaux, les nouvelles habitudes à prendre, et ainsi de suite. Tout comme on ne fait d'omelette sans casser des œufs, il n'est de modifications sans inconvénients. Mais parfois, des changements s'imposent afin de permettre à la bulle de chacun d'être plus à l'aise dans l'environnement.

C'est donc à ce périple que nous vous invitons dans les pages de ce livre, grâce à l'utilisation optimale des connaissances et des «sciences» modernes, tels l'architecture, l'aménagement intérieur et la décoration, mais aussi – surtout, devrions-nous dire – à la façon d'intégrer cette matière aux principes, mieux encore à la philosophie qui régit et anime le feng shui, laquelle relève à la fois du matériel, de la spiritualité et de l'ésotérisme. Cet exercice est d'autant plus intéressant qu'il nous conduit à suivre une voie qui nous entraînera assurément hors des sentiers battus...

ARTS ET SCIENCES

Un intérieur agréable, une maison où l'on se sent bien, où l'on se sent vraiment chez soi, voilà le rêve que bon nombre d'entre nous caressent. Mais lorsque nous feuilletons les pages léchées des magazines d'architecture ou celles des magazines de décoration, il nous arrive de douter que nous puissions, un jour, réaliser ce rêve d'un intérieur idéal, d'un intérieur qui corresponde parfaitement à nos désirs et à nos souhaits, à nos besoins et à nos goûts. Et pour cause! Il faut être aveugle pour ne pas remarquer que des milliers et des milliers de dollars ont très souvent été dépensés dans la conception et l'aménagement de ces résidences qui séduisent notre œil et notre esprit. Cependant, contrairement à ce que l'on pourrait croire en regardant ces images couleurs sur papier glacé, créer un beau décor, mais surtout une atmosphère agréable, voire enivrante, ne signifie pas *nécessairement* dépenser des milliers de dollars.

Un intérieur attrayant, où l'on se sent parfaitement en symbiose avec les éléments qui le composent, n'a d'ailleurs souvent que peu à voir avec le prix du mobilier ou des accessoires. C'est avant tout une question de personnalité, la personnalité des gens qui habitent la maison. C'est aussi une question d'harmonie, je dirais une question d'âme. Il arrive parfois que les plus beaux intérieurs soient tellement froids ou sévères que nous ayons l'impression, en les voyant, et plus encore en y évoluant, que personne n'y habite; ils ressemblent à des salles d'exposition où tout désordre et toute poussière ont en quelque sorte été bannis à jamais. Même si cela peut nous séduire, nous sommes habituellement envahis par cette impression diffuse que ces décors n'ont pas été conçus pour que des êtres vivants *normaux* y évoluent, avec cette part de laisser-aller indissociable du quotidien. D'autres intérieurs, pourtant aussi très beaux, dégagent un air de tristesse ou une certaine mélancolie, comme si ces lieux avaient été le théâtre d'événements graves. En revanche – et heureusement! –, d'autres résidences, d'autres décors, exaltent la joie de vivre. Nous nous y sentons nécessairement bien du moment où nous y mettons les pieds. Que l'ameublement ne soit pas de première jeunesse, que certains éléments du décor nous paraissent de mauvais goût, qu'un peu de poussière s'accumule dans les coins des pièces, qu'importe! Nous nous y sentons à l'aise.

Y a-t-il un secret? Il ne s'agit pas d'un secret, mais plutôt d'une question de perspective; une façon de percevoir les choses, les structures.

En Occident, il existe plusieurs écoles et plusieurs styles d'architecture; il en est de même en décoration et en aménagement intérieur. Il y a des tendances de fond, mais également des modes aussi spectaculaires qu'éphémères. Il est donc souvent difficile de s'y retrouver, surtout, reconnaissons-le, que bien peu d'entre nous ont les moyens financiers de retenir les services d'un décorateur. Certes, changer son ameublement pour transformer son décor est probablement le moyen le plus rapide pour y arriver, mais tous ne peuvent se le permettre. Et tous n'ont pas le goût, non plus, de le faire; certaines pièces de mobilier, certains accessoires vieillots, même certains bibelots kitsch nous rappellent les souvenirs d'agréables moments ou d'heureux événements dont nous ne voulons pas nous départir.

Est-ce à dire, alors, que nous devons renoncer à nos rêves, à nos désirs?

Pas du tout.

TRADITIONS ET MODERNITÉ

La façon de créer un intérieur harmonieux est très bien illustrée par le feng shui (prononcer *foung shway*), cet art chinois millénaire de l'aménagement qui puise ses racines dans la philosophie du tao. Certes, au premier abord, les concepts que cela introduit dans notre perspective et notre vision occidentales peuvent parfois nous sembler un peu saugrenus, mais, avec un peu de patience et de pratique, il nous est possible d'apprendre à en tirer profit pour les appliquer à notre environnement personnel, qu'il s'agisse d'une maison, d'un appartement ou d'un bureau.

C'est cet art ancien que nous allons chercher à comprendre, de façon à voir de quelle manière il peut nous aider à transformer notre maison, notre appartement ou notre bureau, pour créer cet environnement auquel nous rêvons et, surtout, pour que nous nous y sentions en harmonie, ce qui signifie, de façon plus prosaïque, plus à l'aise. Ces notions orientales seront complétées par des notions plus occidentales d'architecture, d'aménagement et de décoration. Vous constaterez d'ailleurs que les unes et les autres ne sont pas incompatibles.

Notre demeure est notre refuge ultime, c'est l'endroit où nous pouvons, en toute quiétude, être vraiment nous-mêmes. Il vaut donc la peine d'y consacrer temps et effort afin qu'il soit adapté non seulement à nos besoins, mais aussi à notre personnalité; un environnement adéquat, répondant à nos attentes, peut facilement faire une différence dans notre vie, nous permettant d'être plus heureux certes, mais aussi plus *inspiré*, plus productif.

De tous les arts, celui de construire, que l'on nomme architecture, est le seul qui nous soit indispensable dans notre vie quotidienne. En effet, les humains doivent se loger et, selon les pays ou les régions, leur habitat doit être adapté à leur climat, à leurs besoins, à leurs us et coutumes. Cela dit, l'habitat sur mesure est un rêve auquel aspire chaque être humain, où qu'il soit. Mais bien souvent, trop souvent, ce rêve reste inachevé.

Pourquoi donc? Ce rêve est-il trop ambitieux, trop dispendieux? Peut-être aussi cet habitat de rêve est-il mal défini? Mais quelle est la démarche pour réaliser l'habitat idéal? Quel est le prix à payer pour satisfaire ce désir légitime? Comme je l'ai souligné précédemment, l'homme fonctionne et compose son habitat selon ses besoins, compte tenu de ses habitudes – de sa culture –, de son environnement et du climat auquel il est soumis. Ceux-ci sont dictés par des facteurs qui sont bien souvent étrangers à ses propres intentions.

Il est évident que la hutte africaine est aux antipodes de l'igloo inuit; de la même façon, la tente touareg du Sahara, le tipi amérindien et la yourte des steppes de la Mongolie ne correspondent pas tout à fait au rêve de la plupart des personnes vivant dans notre pays! Ainsi donc, on peut affirmer que chaque région définit son ou ses modèles d'habitation.

Le problème est-il réglé pour autant? Évidemment non! Parce que le rêve est individuel.

La philosophie de l'habitat est personnelle et tient compte de plusieurs facteurs qui sous-tendent notre choix, facteurs au nombre desquels on retrouve l'éducation, la situation familiale, l'évolution personnelle, le métier ou la profession. De nombreux autres facteurs entrent toutefois aussi en ligne de compte; la hiérarchie, le rang social, l'ambition, l'influence familiale ou étrangère tout comme le snobisme peuvent modifier l'essence même de nos désirs et altérer le rêve qui, au départ, était pur, pour nous faire basculer dans une banalité déconcertante ou un conformisme bête. En outre, la solution n'est pas toujours claire dans l'idéal souhaité.

Voici un exemple que Paul partageait lors d'une réunion: «Un jeune couple est venu me consulter, un jour, désespéré d'avoir visité tant et tant de maisons – dans des quartiers pourtant huppés de la ville –, sans avoir déniché celle qui correspondait à leur rêve commun. Lui, jeune cadre, voué à un avenir brillant, et elle, fonctionnaire de haut rang, envisageaient un habitat digne de leurs ambitions et de la famille qu'ils comptaient fonder.

«Timidement, ils me présentèrent un croquis réalisé sur une feuille quadrillée où ils avaient, tant bien que mal, exprimé les espaces souhaités. Il y avait l'espace pour les réceptions qui ne manqueraient pas d'être organisées, une salle à manger pouvant convenir à douze personnes, une cuisine moderne pour satisfaire le cordon-bleu qu'était madame jusqu'à... la chambre pour la bonne d'enfants lorsque ceux-ci seraient nés. Il y avait également les trophées de chasse, souvenirs de safaris africains, ainsi que les fusils à loger quelque part. De plus, ils désiraient avoir vue sur un jardin d'hiver à partir de l'intérieur. Enfin, ils voulaient un garage pouvant contenir deux voitures. De fait, on le constate, la maison de rêve de ce couple ne se trouvait pas facilement, il fallait donc la construire.

«Après en avoir discuté longuement, je me suis mis au travail. Le croquis fourni ne m'était pour ainsi dire d'aucun secours; en revanche, le désir d'un jardin d'hiver accessible prenait de plus en plus de place dans ma composition architecturale. Je décidai d'en faire l'attraction principale de la maison – que nul ne pourrait ignorer. Ce jardin fut placé au centre du hall d'entrée, point d'accès pour tous les espaces de jour du rez-de-chaussée et d'un escalier conduisant à un balcon, permettant l'accès aux espaces de nuit. Ainsi, tout visiteur ne pourrait ignorer le jardin, visible également pour toute personne à l'étage. Le reste du programme fut conçu avec le plus grand soin et j'allai jusqu'à ajouter une mini-tour d'observation, élément d'autant plus intéressant que la maison devait être construite au bord d'un lac.

«Une fois les plans achevés, les clients, pleins d'espoir, vinrent prendre connaissance de leur futur habitat. Aussitôt, je vis la déception se peindre sur leurs visages. Le nouveau plan ne correspondait pas au croquis qu'ils avaient patiemment élaboré. Conscient de leur déception, je les assurai que ce n'était qu'un plan, que des lignes tracées sur papier, et que je reprendrais l'exercice jusqu'à ce qu'ils soient pleinement satisfaits, mais avant de tout jeter à la poubelle, je tenais néanmoins à leur expliquer le cheminement de ma pensée et les raisons qui m'avaient conduit vers cette exécution. Nous discutâmes longuement de tous les aspects, tant et si bien qu'au moment de nous quitter, ils me demandèrent un temps de réflexion avant de tout recommencer.

«Le lendemain, à mon arrivée au bureau, coup de téléphone du jeune couple; après réflexion, ils avaient décidé de garder le plan, de ne pas y changer une seule ligne.

«Et la maison de leur rêve fut construite. Ils eurent deux enfants et m'invitèrent à toutes les cérémonies. Je pense que j'étais aussi heureux qu'eux.»

Dans cet exemple, tout est bien qui finit bien! Mais ce n'est ici qu'un exemple pour vous démontrer que la réussite ne dépend pas du hasard, qu'il faut comprendre, analyser et définir les besoins aussi bien que les rêves – et parfois même les fantasmes –, tout en restant conforme à certaines règles de base, établies par des maîtres, et à certaines traditions, résultant d'une expérience incontournable. Nous reviendrons d'ailleurs sur le sujet plus en profondeur au cours des chapitres suivants.

COMPRENDRE ET ANALYSER

Les Chinois, il y a des millénaires, au moment même où ils inventaient (entre autres) la poudre à canon, l'imprimerie et les nouilles, faisaient déjà intervenir le feng shui dans l'élaboration de leur habitat et dans les décisions qui s'y rattachaient.

L'orientation même des rues était déterminée par le feng shui afin que l'axe de celles-ci favorise la circulation d'ondes positives et facilite leur diffusion dans chaque demeure qui s'y trouvait; c'est ainsi que les rues n'étaient jamais situées sur un axe direct nord-sud, mais plutôt nord-ouest ou sud-est afin de bénéficier des courants provenant des quatre points cardinaux. À ce propos, il est intéressant de noter qu'en Amérique du Nord, les villes en implantation quadrillée n'ont jamais, ou presque, une orientation nord-sud pour les artères montantes; la plupart sont nord-nord-ouest – sud-sud-est. Est-ce à cause des vents dominants ou de l'influence ancienne du feng shui? La balle est dans le camp des urbanistes.

En Chine, la présence du feng shui, partie intégrante du langage et de la culture, ne s'arrêtait pas là, bien au contraire. L'intérieur des constructions, qu'elles soient domiciliaires, commerciales ou industrielles, devait favoriser la continuité de la dynamique.

Ainsi se déterminait la position des pièces ou des locaux, mais aussi de l'ameublement, tant en ce qui concerne leurs formes et leurs dimensions que leur emplacement. Cela commençait dans les voies d'entrées, se poursuivait dans les pièces communes, puis dans les pièces intimes. Mais, toujours, une constante, un dénominateur commun: l'harmonie, le respect et le sens pratique.

L'influence du feng shui était (et est encore) sans limite et déterminait jusqu'au choix des couleurs et des nombres favorables. Pour nous, Occidentaux, ce choix est éminemment personnel, mais il ne se fonde pas moins sur certaines règles de base, sans lesquelles l'harmonie risque de se trouver en déséquilibre. Le choix des couleurs dominantes doit d'ailleurs être judicieux. Tous sont au fait que le rouge symbolise le feu et provoque une certaine agressivité, alors que le bleu semble prédisposer à l'apaisement, au calme. Il en va ainsi pour chaque couleur, chacune ayant ses particularités, ses propriétés. Elles constituent d'ailleurs un élément important, voire essentiel, de toute décoration. Avec l'harmonie des volumes et selon eux, les couleurs représentent la réussite ou l'échec de tout aménagement.

La fonction de la partie peinte peut aussi, à un degré moindre, déterminer le choix de la couleur, de la teinte ou de la trame. Les accents de noir ou de brun sur des couleurs pâles ou des teintes pastel peuvent donner un effet intéressant. En aucun cas, les couleurs ne doivent nous mettre mal à l'aise. Il convient donc de bien les choisir, afin qu'elles ne soient pas un obstacle à notre bien-être ou, comme le laisse entendre le feng shui, à la libre circulation de l'énergie libérée. Au contraire, elles doivent être complémentaires aux volumes, aux distances et à tout ce qui constitue l'espace environnemental.

UNE TRADITION VIVANTE

Si ancien qu'il soit, le feng shui n'en reste pas moins actuel pour les Asiatiques – à preuve, ces offres immobilières faites à des acheteurs potentiels venant de Chine ou d'ailleurs en Asie, où la pratique du feng shui est largement répandue, et qui ont été repoussées alors qu'elles étaient pourtant considérées comme fort avantageuses. Seule raison à ces refus: un mauvais feng shui. Inutile de dire que certains agents immobiliers en ont perdu leur latin!

Les règles du feng shui veulent que l'aura ou l'empreinte des anciens propriétaires ou locataires reste imprégnée dans les bâtiments, les maisons ou les appartements; pour ceux qui pratiquent l'art ancien du feng shui, les lieux possèdent le *chi*, qu'on pourrait définir comme une énergie vitale, une énergie en tous points semblable à celle qui anime les hommes. En d'autres termes, si les personnes qui occupaient cet endroit avant

nous connaissaient du succès, nous-mêmes prospérerons plus facilement; de la même façon, si les lieux ont connu leur lot d'insuccès ou de drames, nous-mêmes serons soumis à ces mêmes influences. Cela n'est pas sans nous rappeler cet adage populaire qui veut que les semblables s'attirent. Dans les faits, cela signifie que si l'on compte installer sa nouvelle entreprise dans un immeuble qui a été délaissé par une autre entreprise pour laquelle le lieu était devenu trop exigu, notre propre entreprise bénéficiera de l'énergie positive résiduelle de ce succès; en revanche, si l'on emménage dans un lieu abandonné pour cause d'insuccès, notre entreprise sera immanquablement soumise à une énergie négative laissée par les occupants précédents.

Comme on le voit, le feng shui constitue beaucoup plus qu'une simple façon d'aménager un lieu; c'est une philosophie, un art de vivre, en harmonie non seulement avec les objets, mais aussi avec les énergies qui imprègnent notre univers, que ces énergies soient positives ou négatives.

On comprend aussi les raisons pour lesquelles son champ d'application est pour ainsi dire illimité. Pour celui qui pratique le feng shui, il existe d'ailleurs une multitude de signes qui lui indiqueront la voie à suivre, que cela concerne sa maison, son lieu de travail et même la façon dont il vivra ou dont il fera des affaires. On peut trouver cette façon de faire superstitieuse, contraignante aussi, mais nous devons garder à l'esprit que pour la majorité des Asiatiques qui pratiquent le feng shui, c'est un art de vivre qui leur est familier. Que nous nous y intéressions ne signifie pas que nous devions penser ou agir exactement comme eux, mais il est néanmoins intéressant, je dirais même passionnant, de comprendre comment le feng shui fonctionne et comment nous pouvons l'adapter à notre style de vie.

Comme dans toute chose, il faut d'abord savoir ce que l'on veut, pour ensuite examiner la façon dont on peut y arriver. Le feng shui est un art ancien dans lequel se mêlent et s'entremêlent une philosophie, des éléments relevant de la spiritualité et du mysticisme, des traditions, mais aussi des superstitions. Et des conseils pratiques. C'est d'ailleurs cette combinaison, pour ne pas dire cette fusion, qui confère une sérénité et une harmonie inégalées dans tous les intérieurs où cet art est pratiqué.

L'ouvrage que vous avez entre les mains se veut en quelque sorte une initiation à cet art ancien, à ses effets et à son application dans nos demeures, mais une initiation pratique de façon que vous puissiez non seulement comprendre les concepts qui animent cet art de vivre, mais aussi les mettre en application dans votre propre demeure. Vous serez alors aptes à introduire chez vous ces notions d'équilibre et d'harmonie si particulières à l'Asie.

LE FENG SHUI:
ORIGINE ET PHILOSOPHIE

Comprendre et définir forment la base de l'apprentissage de tout art, qu'il soit moderne ou ancien. Il en est ainsi en ce qui a trait à l'architecture avec laquelle notre société est familiarisée, mais c'est également le cas avec le feng shui, issu des traditions de la Chine ancienne. Toutefois, et cela s'applique aussi pour toute forme d'art ou d'expression, il ne suffit pas de reproduire tout bonnement ce qu'on a appris; il faut tenir compte de ses besoins personnels.

Il n'est pas nécessaire de devenir taoïste ou de lire des milliers d'ouvrages pour pratiquer le feng shui; cela dit, une connaissance de base de la philosophie chinoise est souhaitable et c'est ce que nous essaierons de vous présenter au fil des concepts et des pages de ce livre. Pas de grandes théories, mais une approche pratique qui vous permettra de créer, chez vous, un environnement harmonieux.

Le feng shui, qui signifie littéralement vent et eau, est l'art d'harmoniser son habitation avec le ciel et la terre. Il s'agit donc, dans les faits, d'harmoniser son intérieur selon la «voie du tao», afin d'être en harmonie avec les éléments naturels et ainsi de profiter des courants d'énergie positive qui irradient notre univers. Dans le cas contraire, donc si cette énergie n'y circule pas de façon adéquate, on se retrouve avec des édifices ou des intérieurs qui ne sont pas *inspirants*, ce qui nous ramène à ces résidences et à ces aménagements que l'on disait froids ou sévères au chapitre précédent. En fait, un certain nombre de règles de base nous permettent d'éviter ou de régler les difficultés ou les problèmes auxquels nous faisons face sur ce plan.

Cependant, pour bien comprendre le feng shui, il faut aller au-delà des simples règles pratiques. Il faut s'intéresser à la philosophie qui l'anime, au tao, le principe suprême et impersonnel d'ordre et d'unité du cosmos. Nous glisserons également quelques mots à propos du principe du yin et du yang. Avec ces éléments, il sera alors plus facile de comprendre ce qu'est vraiment, fondamentalement, le feng shui, et la relation qu'on peut établir entre lui, d'une part, et l'architecture, l'aménagement et la décoration occidentaux, d'autre part.

L'ÉNERGIE VITALE

La philosophie chinoise peut sembler mystérieuse de prime abord. Pourtant, elle est relativement simple: il s'agit de garder à l'esprit que, dans cette philosophie, l'univers est un tout, et que toute chose possède une place qui est en accord avec le tao, la «voie du milieu».

Mais, d'abord, qu'est-ce que le tao? C'est une question qu'on se pose depuis des millénaires sans que personne soit parvenu à y répondre de façon définitive. Le tao est constamment en mouvement, c'est l'énergie vitale de tout ce qui vit, de tout ce qui est. Alors comment définir la vie? Une chose d'autant plus difficile à faire que lorsqu'on croit en avoir saisi la nature, intrinsèquement changeante, celle-ci n'est déjà plus la même, car la vie est l'essence du mouvement, de la transformation, de la transmutation.

Voici un poème qui, sans vraiment définir ce qu'est le tao, en explique son essence et sa relation avec les êtres. Il est tiré du *Tao Te Ching*, qui signifie «la voie classique et son pouvoir», un ouvrage composé de 81 poèmes qui illustre la voie du tao et la définit comme une manière de vivre en harmonie avec la nature.

Le Tao, c'est l'immensité du Vide!
On peut y puiser constamment, sans jamais en manquer.
C'est un abysse sans fond
Plus vieux que tout ce qui est.
Le Tao arrondit les angles pointus;
Il défait les nœuds durcis;
Il adoucit la lumière trop forte;
Il imprègne tout notre Univers.
Dans l'eau la plus trouble, le Tao reste clair;
Je ne sais d'où il provient,
Mais il me semble qu'il ait été là avant Dieu.

Frank Lloyd Wright, un architecte réputé, a affiché l'un des poèmes du *Tao Te Ching* dans l'auditorium Taliesin de son école d'architecture de Phoenix, en Arizona. Le poème qu'il a choisi a ceci de particulier qu'il s'applique parfaitement au feng shui tout autant qu'à la méditation personnelle.

Une roue? Trente rayons qui entourent un cercle.
Pourtant, cette forme vide est d'une grande utilité.
Un bol? De la glaise que l'on tourne sur une roue de potier.
Pourtant le vide même qui le rend utile.
Une maison? Des murs entrecoupés de fenêtres et de portes.
Pourtant, c'est le vide à l'intérieur que l'on remplit
et qui la rend utile.
Donc, tirer profit de ce qui est là;
En vous servant de ce qui n'y est pas.

Ce poème ne définit pas précisément le feng shui, mais nous mène vers sa compréhension, ne serait-ce que par cette notion structurelle de vide qui n'attend – ne demande? – qu'à être rempli, habité. Ce n'est encore qu'une facette de cette intéressante philosophie et de cette approche nouvelle, pour nous qui avons trop longtemps ignoré l'invisible pour nous fier à une logique cartésienne qui ne peut répondre à tous nos besoins.

L'avantage avec la philosophie chinoise et le feng shui, c'est que philosophie, spiritualité et intellect s'amalgament pour former un tout. Dans cette perspective, il n'y a pas de rupture avec la vie quotidienne et ses préoccupations; placer des chaises autour d'une table est aussi spirituel que méditer pendant une heure... enfin, si l'emplacement est bien choisi. Pour les peuples asiatiques, les gestes du quotidien sont partie prenante de la spiritualité, tout autant que le sont la méditation ou la prière. Peu importe que le but soit spirituel ou matériel; ce qui compte, et ce qui compte seulement, c'est l'atteinte de l'harmonie. De l'équilibre.

HARMONIE ET ÉQUILIBRE

Ce qui nous amène au principe du yin et du yang.

Nous avons tous une idée, aussi vague soit-elle, de ce que sont le yin et le yang, les principes féminin et masculin, les polarités opposées qui ne peuvent exister l'une sans l'autre. Et pour cause, le positif n'étant positif que par rapport au négatif; on ne peut définir l'un sans tenir compte de l'autre, tout comme, dans l'un, on retrouve un peu de l'autre. Le symbole bien connu du yin et du yang – un cercle dont une moitié est blanche et l'autre noire, chacune possédant un point de son opposé en elle – illustre bien cette dynamique.

Toujours en mouvement, le yin et le yang représentent la force ultime dans l'univers et celle-ci défie les définitions car elle est, tout comme l'est le tao, toujours en mouvement, en mutation. Cette force transcende la vie et la mort, car elle fait partie des deux, elle est le moteur de l'évolution et du changement, et elle se matérialise dans le monde physique à travers le cycle éternel de la vie.

On peut donc comprendre que trop de l'un ou de l'autre déséquilibre le tout; c'est ce qui survient souvent au niveau de notre condition humaine. Pour mener une vie harmonieuse, il faut avoir un certain équilibre, suivre la «voie du milieu». La philosophie zen traduit ce concept par une illustration aussi sybilline que poétique: passer à travers la barrière sans qu'il y ait de barrière.

Mais revenons à des notions plus triviales, à la façon dont le yin et le yang – et leur opposition – se traduisent dans notre univers.

MANIFESTATION YANG	MANIFESTATION YIN
Clarté	Obscurité
Levant	Couchant
Mouvement	Inertie
Expansion	Contraction
Innovation	Tradition
Dépense	Économie
Blanc	Noir
Nord	Sud
Montagne	Vallée
Route droite	Chemin sinueux
Temps linéaire	Cycle
Monde matériel	Monde astral

Il s'agit d'oppositions, certes, mais qui n'ont pas ou plus de sens sans l'existence de l'autre; à quoi pourrait servir la clarté si l'obscurité n'existait pas?

C'est ce qui nous mène aux caractéristiques du yin et du yang, que je résumerai par ces points particuliers.

1. Yin et yang sont toujours ensemble, ils ne peuvent appaître l'un sans l'autre;

2. Yin et yang sont en mouvement perpétuel, leur équilibre change constamment;

3. Yin et yang n'existent pas réellement, ils n'existent que relativement l'un à l'autre;

4. Au plus fort du yin, le yang remonte et le yin décline;

5. Au plus fort du yang, le yin remonte et le yang décline;

6. Yin et yang apparaissent comme des opposés dynamiques;

7. Yin et yang sont constitués l'un de l'autre, plan après plan;

8. Yin et yang créent le monde physique, ses objets et ses créatures;

9. Tout phénomène constitue une dynamique de dissimulation et de découverte du yin et du yang.

Ces caractéristiques illustrent bien cette fameuse «voie du milieu» que nous avons déjà évoquée, cette fine ligne de démarcation sur laquelle nous devons cheminer pour atteindre l'harmonie et l'équilibre. Et c'est dans ces concepts et ces notions que se trouve l'essence du feng shui.

LE FENG SHUI: COMMENT?

Avant d'aller plus loin, il est intéressant de nous poser quelques questions. D'abord, pourquoi s'adonner au feng shui? Puis, comment le pratiquer? Et quels sont les résultats que nous obtiendrons, voire les avantanges que nous en retirerons? C'est en explorant les différentes formes de cet art – parce qu'il ne touche pas que l'habitation, mais vise plus fondamentalement l'harmonie et l'équilibre en toutes choses – que nous pourrons réussir à trouver réponses à ces questions, à comprendre le feng shui et à nous familiariser avec ses principaux aspects. Nous pourrons ainsi percevoir les raisons pour lesquelles on le pratique toujours, plus de trois mille ans après sa création.

Le feng shui issu du folklore

Une grande partie des connaissances se rapportant au feng shui font partie du langage et de la culture populaires des Chinois.

Pour la majorité des personnes habitant en milieu rural, et même pour celles habitant en milieu urbain, les grandes questions philosophiques et les théories accolées au feng shui sont autant d'aspects qui les laissent indifférentes, en ce sens que, pour elles, ces questions ne se posent pas. En revanche, si vous leur demandez pourquoi la boutique d'herbes au coin de la rue ne fait pas de bonnes affaires, ils évoqueront sans détour le feng shui, car cette pratique fait partie de leur quotidien.

Ce feng shui dit folklorique provient essentiellement de la tradition orale, laquelle est transmise de génération en génération depuis plus de quarante siècles. Bien entendu, cela sert tant le meilleur que le pire: au cours des siècles, certaines informations ont été dénaturées, et nombreux sont les Chinois qui pratiquent aujourd'hui une forme de feng shui teintée de superstitions; en revanche, d'autres ont affiné la pratique de cet art. Les uns comme les autres – ils sont parfois aux antipodes – l'utilisent de façon pratique et quotidienne. C'est aussi ce qui explique que les règles du feng shui ne soient pas uniformes d'une région à l'autre, différant même, parfois, d'un village à un autre. Chaque famille asiatique possède d'ailleurs sa propre tradition de «bon» feng shui.

Le feng shui tao

Le caractère chinois pour tao (ou *kanji*) représente une route, plus précisément une voie. Plusieurs arts anciens, tout autant que des sciences et des métiers artisanaux, étaient originalement enseignés comme des «voies», ce qui signifiait intrinsèquement que la personne qui étudiait ce sujet ou ce domaine devenait non seulement experte dans sa pratique, mais apprenait par la même occasion l'art de vivre et d'évoluer. Plusieurs exemples s'offrent à nous dans ce contexte: il y a le chado, qui se traduit par la voie du thé; le bushido, qui est la voie du guerrier; l'aikido, la voie de l'énergie harmonieuse; et le zendo, la voie de la méditation.

Le feng shui constitue une forme de tao, plus exactement la voie du vent et de l'eau. L'essence de ce feng shui tao est la réalisation de soi à travers l'harmonie. En se concentrant sur l'effet qu'ont le paysage et les bâtisses sur les hommes et sur les autres créatures vivantes, le praticien du feng shui tao arrange et réarrange sans relâche les espaces et les endroits afin qu'ils soient et restent en harmonie avec la nature et le cosmos.

Le feng shui du pouvoir

Lorsqu'on applique les principes du feng shui pour améliorer notre condition de vie, nous acquérons un avantage. Si l'on applique ces principes à la compétition, cet avantage peut mener facilement à une domination économique ou politique.

En d'autres termes, certains Chinois ont utilisé (et utilisent encore) l'art du feng shui expressément dans le but d'obtenir ou d'accroître leur pouvoir. Ils l'appellent d'ailleurs «feng shui du pouvoir». Les banques de Hong-Kong et bien d'autres multinationales asiatiques consacrent littéralement des millions de dollars afin de chercher à acquérir certains avantages par le feng shui, essentiellement la victoire sur l'adversaire, le compétiteur. Mais l'adversaire agit naturellement de la même façon, dans le même but...

Il existe une très longue tradition de la pratique de cette forme de feng shui. Sur le plan de la stratégie militaire, par exemple, Sun Tzu, dans son ouvrage intitulé *L'Art de la Guerre*, explique comment gagner un avantage par tous les moyens, incluant le feng shui. Historiquement, les gouvernements impériaux de Chine se servaient des principes et des règles du feng shui pour planifier les travaux publics ainsi que pour édifier des monuments. Plusieurs jeux comme le *Go* et le *Shogi* sont d'ailleurs, en quelque sorte, des prolongements du feng shui, car ils sont basés sur l'utilisation stratégique de l'espace.

Il importe de souligner ici que le but du feng shui du pouvoir est le gain, et non l'atteinte de l'harmonie ou de l'équilibre.

* * *

Nous venons de décrire les trois principales formes de feng shui, mais ces trois pratiques ne sont pas aussi cloisonnées qu'on serait porté à le croire; celles-ci se croisent et se mêlent selon les besoins de chacun. Les différentes pratiques ne sont pas jugées sous l'angle de la doctrine ou de la *pureté*, mais en fonction des résultats qu'elles procurent. En d'autres termes, la seule chose qui compte véritablement est l'efficacité.

Comme tout art, il est pratiqué par des professionnels et des amateurs; certains sont maîtres de cet art, d'autres voudraient le devenir. Il existe des praticiens émérites, d'autres qui sont compétents, d'autres qui en sont simplement à l'apprentissage et d'autres encore, comme dans n'importe quel domaine, qui ne sont que des charlatans.

LES DIFFÉRENTES ÉCOLES DU FENG SHUI

Cela dit, il existe différentes façons de pratiquer l'art du feng shui, mais on retiendra les quatre principales écoles.

L'école du sol

Cette approche s'intéresse à l'influence qu'ont les formations géologiques et les constructions *artificielles*, c'est-à-dire celles qui sont construites par l'homme (tels les villes et les réseaux routiers), sur les bâtiments et les habitations; c'est aussi cette école de feng shui qui, sur un plan plus pratique, s'intéresse à la forme des édifices, à celle des pièces d'une maison, des meubles et des objets.

Cette forme de feng shui a pour objectif d'étudier la nature et la qualité du champ énergétique qui en émane afin de déterminer quelle en sera l'influence sur les habitants. Les suggestions que propose alors le feng shui ont toujours pour but d'harmoniser et de *solidariser*, en quelque sorte, l'homme à son environnement.

Les formes géométriques de base, à deux dimensions, sont le carré, le cercle et le triangle; une fois qu'ils prennent place dans l'espace, ils deviennent le cube, la sphère et la pyramide. Pour les praticiens de feng shui, chaque forme possède, outre sa dimension spatiale, une dimension énergétique. Selon la philosophie du feng shui, un champ énergétique émane de toute forme, de toute ligne, qu'il s'agisse de la ligne d'un toit, d'une ligne électrique ou d'une corde à linge, et cette ligne a le pouvoir ou la capacité d'accélérer ou de retarder le *chi*. En étudiant les effets de ces différentes formes, on peut arriver à cerner le champ énergétique d'un environnement (ou d'un immeuble) et à comprendre l'équilibre ou le déséquilibre qui affecte ou peut affecter la vie des personnes qui vivent ou qui travaillent dans ce lieu.

Des formes de base précédemment évoquées, le triangle est probablement celle avec laquelle il est le moins aisé de travailler pour la raison – évidente – qu'il est difficile de placer des meubles ou des accessoires dans des angles qui ne sont pas de 90 degrés, sans compter que les arêtes qui forment les côtés possèdent un *chi* agressif qui attaque littéralement son entourage. C'est d'ailleurs pour cette raison que cette forme est reconnue être très efficace dans des situations de conflits, qu'ils soient guerriers, comme autrefois, ou d'affaires, comme c'est plus souvent le cas aujourd'hui. Cette forme peut également s'avérer catastrophique lorsqu'elle est utilisée pour la construction d'églises, de temples ou de résidences.

En revanche, les carrés et les rectangles sont des formes yin qui maintiennent et retiennent l'énergie.

Le cercle est considéré de nature yang. Il génère un plus grand potentiel d'idées créatrices que le carré, mais l'énergie y est moins stable en ce sens qu'elle tourbillonne et se disperse rapidement. Dans le même ordre d'idées, un arrangement de chaises en demi-cercle ne retiendra pas les individus pendant une très longue période; la forme même de l'arrangement prédispose les invités à partir au plus vite. La raison en est simple: puisque l'énergie transmise est de nature dynamique, les personnes ressentent le besoin de bouger et de faire des choses.

Notons enfin que cette école de pensée reconnaît que la terre est elle-même vivante.

L'école cosmologique

Cette approche du feng shui a pour but de découvrir l'influence des forces de l'univers, les forces cosmiques, sur les édifices ou les résidences, et les effets que cela provoque ou risque de provoquer sur ses habitants. Pour mesurer cette influence, les praticiens du feng shui utiliseront un *luo pan*, une sorte de compas qui leur est propre et qui mesure les directions et les correspondances entre les immeubles et le ciel. À partir des données recueillies, le bâtiment (mais cela est également vrai pour l'ameublement) peut être disposé de façon à imiter l'arrangement céleste et à influencer favorablement l'homme et ses entreprises.

Il faut cependant reconnaître que ce type de feng shui nécessite une étude approfondie et une compréhension parfaite de la façon dont fonctionnent le ciel et la terre, de leur nature et de leurs buts ultimes – des questions philosophiques pour l'essentiel. Celui qui s'intéresse à cette forme de feng shui et qui souhaite en apprivoiser la pratique doit d'abord consacrer de nombreuses années à l'étude et à l'analyse de la philosophie chinoise, entre autres le fameux concept du yin et du yang (qui possède ses propres écoles de pensée traitant, en outre, de météorologie), l'astronomie, l'astrologie, l'agriculture, la santé ainsi que d'autres sciences pratiques. Le *Tao Te Ching* et le *I Ching* sont des outils privilégiés de cette école de pensée.

L'école symbolique

Cette approche du feng shui s'intéresse à l'interprétation des différents symboles dont les gens ou les familles s'entourent, consciemment ou inconsciemment. Cette école tient également compte de certains autres symboles rattachés à la propriété et qui, même s'ils n'ont pas été placés par ses habitants, jouent néanmoins un rôle important sur le plan de l'harmonie du lieu et affectent, positivement ou négativement, les habitants de ce lieu. Dans cette forme de feng shui, le traitement utilisé pour se soustraire aux mauvaises vibrations et à leurs effets pernicieux est plus souvent qu'autrement le changement des symboles qui entourent la propriété, ou encore l'ajout de nouveaux symboles qui neutralisent l'effet malsain des symboles défavorables.

Mais quels sont-ils exactement, ces symboles? Ils sont d'ordre universel, social, mais aussi personnel. Cependant, les choses ne sont pas aussi simples qu'elles peuvent en avoir l'air puisqu'il arrive souvent qu'un même symbole possède plusieurs significations, selon le niveau d'interprétation, et que celles-ci interagissent les unes avec les autres. Il est donc difficile de découvrir l'interprétation juste du symbole, mais une fois celle-ci découverte, son sens est d'autant important. Ne pas tenir compte des symboles apparaissant sur une œuvre d'art accrochée à l'entrée de votre maison peut tout autant porter à conséquence que d'ignorer les messages que vous recevez par vos rêves.

Cela dit, le principe de base est simple: tous les symboles matériels dont vous vous entourez à la maison ou au travail sont en quelque sorte *activés* dès l'entrée d'une personne – vous, un membre de votre famille, un collègue de travail ou tout simplement un visiteur – dans la pièce. En outre, à la suite d'un certain nombre de *contacts* avec un symbole, l'influence de celui-ci se manifeste dans votre vie, sur un plan physique ou émotif; dès lors, son énergie fait partie de votre existence. Cette école de feng shui étudie la signification des différents symboles pour déterminer si ceux qui nous entourent sont des forces que nous souhaitons réellement activer dans notre vie.

L'école symbolique étudie aussi nos habitudes de vie, toutes les routines étant en fait des rituels, certaines apportant de la joie, une sensation de liberté et de libération, d'autres créant tristesse et aliénation. Cette analyse permet donc de découvrir les habitudes ou les routines qui nous sont favorables et permet de savoir celles que nous devons changer afin d'atteindre nos buts.

L'école du *chi*

Dernière école de pensée d'importance, celle du *chi*. Cette approche du feng shui tente de ressentir directement le champ énergétique du *chi*, tant celui qui irradie le lieu que celui qui influence les occupants, afin d'évaluer si ce champ énergétique est harmonieux ou non. Cette approche recueille de plus en plus de partisans, ne serait-ce qu'en raison de toutes ces hypothèses émises sur les radiations de notre environnement immédiat, que l'on pense seulement à ces présomptions qui entourent l'influence des lignes électriques à haute tension, des appareils à micro-ondes ou des écrans cathodiques. La perception du *chi* d'un lieu est l'approche la plus directe du feng shui.

ENVIRONNEMENT ET ORGANISME

Mais assez parlé de philosophie! Regardons comment nous pouvons tirer profit de l'application du feng shui dans notre vie de tous les jours, sans pour autant écarter notre héritage européen et américain. Et sans oublier le progrès, car il est survenu plus de changements – plus d'avancement scientifique et technologique – au cours des cent dernières années que pendant le millénaire précédent. Une personne née au début du siècle a vu les chevaux-vapeur remplacer les chevaux, les avions s'envoler, la télévision prendre place dans le quotidien et les micro-ordinateurs transformer notre façon de travailler et de communiquer.

L'Internet étend inexorablement ses tentacules et, déjà, certains internautes fonctionnent quasiment en vase clos, c'est-à-dire sans sortir de leur maison. Bien sûr, ce n'est pas encore le lot de chacun, mais l'avenir semble se dessiner en ce sens. Déjà, télévision, puis magnétoscope, avaient fait baisser les sorties dédiées aux loisirs; l'entrée des ordinateurs personnels dans les foyers n'a fait qu'accentuer le phénomène. Même si les avis sont partagés quant à l'avenir des spectacles et des événements sportifs, il est raisonnable de croire que le temps passé chez soi n'ira pas en diminuant, bien au contraire. Que l'on pense au télémarketing qui permet de magasiner à partir de son téléviseur et aux ordinateurs qui permettent de travailler à la

maison sans se rendre au bureau, on peut aisément concevoir qu'il sera de plus en plus possible (et facile!) pour le
commun des mortels de réaliser ses tâches sans sortir de
chez lui. Il est évident que nous cherchons à vivre de plus
en plus dans la modernité que nous offre un marché toujours plus compétitif. Tout suggère cependant que des
besoins de plus en plus spécifiques surgiront et qu'il nous
faudra suivre l'évolution et prendre le train des virages
technologiques.

Mais la question qui se pose est la suivante: serons-
nous encore à l'aise avec nos acquis? Peut-être nous fau-
dra-t-il réapprendre à vivre avec le mouvement et libérer
une énergie positive dans l'accomplissement de nouveaux
fantasmes à réaliser.

LA NÉCESSITÉ DE CHANGER

Ainsi se présentent les inconnues de la modernité et celles
du comportement humain. Mieux vaut cependant s'y préparer et envisager avec sérénité les modifications qui ne
manqueront pas d'être réclamées pour satisfaire notre
bien-être.

Bien des magazines, des émissions de télé et des expo-
sitions d'habitats de l'an 2000 nous invitent à développer
nos rêves et même à les réaliser tout de suite, dans les lieux
où nous vivons déjà. S'offrent à nous de nombreux choix, et
de ces choix découle le sentiment d'être heureux ou pas
dans notre environnement personnel. D'où l'importance
des décisions prises – et de déterminer pourquoi nous
sommes mal à l'aise dans un environnement, si tel est le
cas. L'habitat est-il trop petit ou les fonctions mal répar-
ties? Nos fantasmes conscients, nos rêveries diverses d'un
habitat idéal sont-ils satisfaits? Toutes ces questions se
posent continuellement à mesure que nos besoins changent
et que nos rêves se transforment.

En essayant d'y voir plus clair, en faisant l'effort de refuser d'abandonner, en établissant des rapports d'idées sur ce qui est notre habitat, nous attirons une énergie positive qui facilitera la réalisation de notre bonheur dans ce que nous avons et que nous pouvons améliorer lorsque le besoin s'en fait sentir. Mais il est clair que cela ne se fera pas sans une connaissance profonde et une grande compréhension entre tous ceux qui partagent l'habitation. Dans un habitat collectif (couple, famille, partenariat, etc.), nul bonheur ne peut et ne doit s'acquérir sans qu'il soit partagé. Cela n'est pas toujours facile et il appartient à chacun d'y mettre le prix.

En outre, il faut avouer aussi que tradition et modernité ne font pas toujours bon ménage; la modernité peut s'avérer bien pratique, mais elle a aussi ses inconvénients et ceux-ci sont d'ailleurs la source de bien des irritants pour les traditionalistes. Il est possible pourtant de marier ces deux tendances, et de plus d'une façon, afin de créer une harmonie. La plupart d'entre nous avons déjà dû faire face à ce genre de problèmes; dans certains cas, le résultat fut un succès, dans d'autres, un demi-succès; ce fut aussi parfois un échec, mais le plus souvent un compromis. Tous avaient été envisagés avec l'espoir d'une réussite.

Malgré la meilleure volonté du monde, il est indispensable de mettre de notre côté les outils qui nous aideront à réaliser notre rêve dans la tradition et dans la modernité, grâce à l'expérience des professionnels et à la connaissance de certaines règles de base. Le feng shui est l'un de ces outils; c'est l'art de manipuler notre environnement physique afin d'attirer vers soi l'harmonie et l'énergie positive. Le but ultime est naturellement de trouver l'équilibre entre les forces yin et yang qui, même si elles sont opposées, sont aussi complémentaires à travers l'arrangement des objets qui participent à notre environnement.

Le feng shui transcende les limites de la pensée rationelle et de la logique, tout en étant enraciné dans le bon sens, l'observation scientifique et le procédé empirique. Cet art intègre la manipulation des cinq éléments (la terre, l'eau, le feu, le métal et le bois), de même que l'utilisation des couleurs et des formes. Il puise dans des domaines que l'on appelle aujourd'hui l'esthétisme, l'écologie, la philosophie, l'aménagement intérieur et l'astrologie. Tout cela a pour objectif de nous faire nous sentir à l'aise dans un espace donné, tant sur les plans psychologique que physique. Autrement dit, une pièce qui est agréable à l'œil tout en étant fonctionnelle possède un bon feng shui, c'est-à-dire qu'il s'en dégage une énergie positive.

LA RELATION ENTRE LES ÉLÉMENTS

Il faut tenir compte des commodités que notre société moderne met à notre disposition; tous les appareils qui nous sont offerts n'ont toutefois pas les mêmes caractéristiques; ils ne répondent pas aux mêmes besoins, aux mêmes exigences, aux mêmes objectifs, à la même durée de fonctionnement. Ils n'ont pas, non plus, avec nous, les mêmes liens sensoriels.

Ainsi, le visuel peut être permanent (les écrans d'ordinateur, les téléviseurs, les magnétoscopes) ou passagers (le téléphone, la calculatrice, etc.). À cela, il faut ajouter que les distances ne seront pas nécessairement du même ordre puisqu'un ordinateur, par exemple, a besoin d'une approche dite de contact, alors que le téléviseur exige une distance intermédiaire. L'ouïe, la vue et le toucher sont les trois sens qu'il nous faudra prendre en considération pour l'installation d'un nouvel équipement. Évidemment, certains diront que cela relève du gros bon sens. Mais le feng shui va plus loin: il nous conseille de considérer, jusqu'au moindre détail, tous les aspects de l'installation, incluant l'orientation, l'éclairage, le revêtement du sol, de même que la proximité et la relation entre les différents éléments d'un même système.

La finalité de l'opération est d'arriver à équilibrer la fonction, le côté pratique et le bien-être à court, à moyen et à long termes, tout en respectant naturellement l'harmonie du milieu et le confort du voisinage. Le feng shui s'intéresse donc aux moindres détails, car ce sont souvent eux qui peuvent apporter le plus d'inconfort. Par exemple, une demeure qui manque de lumière empêche le flot harmonieux du *chi* de s'écouler dans la vie de ses occupants.

Autre exemple: l'importance des éléments du salon et de la cuisine. Le salon constitue habituellement le cœur du logement, puisqu'il est un lieu de rassemblement et d'hospitalité. Idéalement situé près de l'entrée principale, l'ameublement sera orienté vers un point focal que vous aurez choisi (très souvent, c'est le téléviseur). L'éclairage y sera plus doux qu'ailleurs et la couleur des murs de la pièce aura été choisie pour apporter une ambiance chaude, mais aussi reposante.

La cuisine, elle, est en quelque sorte le laboratoire (elle comprend d'ailleurs de plus en plus d'accessoires qui facilitent la réalisation du pourquoi elle se nomme ainsi!) de ceux et de celles qui y habitent; elle doit être fortement éclairée et suffisamment ventilée. Le yin et le yang sont en évidence dans une cuisine, puisque le feu et l'eau s'y côtoient; il convient donc de respecter l'identité et la fonction de chacun d'eux. Alors qu'un évier peut être placé devant une fenêtre, il serait inopportun d'y mettre la cuisinière; le four à micro-ondes sera à la bonne hauteur et les surfaces de travail, suffisamment grandes pour convenir à la préparation des repas. Bien entendu, le coin repas ou la salle à manger seront à proximité de la cuisine.

Si je me suis livré à cette brève description de ces deux pièces primordiales de tout habitat, et auxquelles nous reviendrons plus en détail plus loin, c'est pour vous illustrer que les notions ergonomiques, dont on tient de plus en plus compte dans la conception et l'aménagement de tout lieu, sont tout à fait compatibles avec l'art ancien du feng shui. La modernité est incontournable et, de plus, exponentielle; il ne faut donc pas y voir une contrainte, mais plutôt une façon d'enrichir notre quotidien et d'atteindre une qualité de vie supérieure. Le feng shui, dans sa sagesse, avait prévu cette évolution du *mieux vivre* en nous permettant de considérer et d'acquérir des gains et des avantages de chaque évolution pouvant survenir dans notre vie.

D'ailleurs, si la Chine impériale appliquait les règles du feng shui pour tous les travaux publics qu'elle entreprenait, encore de nos jours, à Hong-Kong, haut lieu du capitalisme débridé s'il en est, l'urbanisme et l'architecture s'exécutent selon ces mêmes règles ancestrales. Aucun pays d'Asie n'échappe véritablement à ces traditions qui, tout au plus, varient d'un pays à un autre; chacun considère le feng shui comme essentiel non seulement à l'évolution des lieux, mais aussi à celle de la pensée.

LE *CHI*

Tout cela passe par le *chi*, que les anciens Chinois nommaient «le souffle du dragon», et qui évoque l'énergie cosmique, la source vitale. Cette énergie, qui est l'ingrédient essentiel du feng shui, peut être comparée à une bonne aération dans un immeuble ou une résidence.

Comme il faut que l'air circule librement pour le bien-être des personnes vivant dans cet habitat, le flot d'énergie doit aussi circuler sans entrave pour assurer le bonheur et la prospérité de ses habitants. La fonction principale du feng shui est donc de faire circuler cette énergie vitale pour assurer un bon *chi* au lieu, comme à ceux qui y habitent, afin d'en maximiser les effets positifs dans le quotidien. Les praticiens du feng shui sont convaincus que nous pouvons influencer positivement les événements de notre vie en augmentant et en dirigeant ce flot d'énergie à son avantage.

Le *chi* circule mieux lorsqu'il lui est possible de suivre des mouvements naturels, fluides, comme on en retrouve dans la nature. Le meilleur exemple est celui d'une rivière ou d'un ruisseau qui sillonne le terrain malgré ses méandres. C'est d'ailleurs en contournant des formes courbes que le *chi* peut vraiment travailler pour vous, par opposition à la ligne droite ou aux angles aigus qui accélèrent le mouvement; les voies de ces derniers peuvent toutefois être facilement bloquées.

Les structures qui transforment l'environnement, comme les routes, les tunnels ou les complexes domiciliaires, peuvent bloquer et affecter le flot d'énergie et ainsi créer des zones négatives. Cette influence se manifestera non seulement au lieu du blocage, mais aussi dans un certain périmètre. C'est exactement le même principe qui anime le *chi* d'une résidence. Des entrées étroites et de longs corridors peuvent facilement être la source d'énergies négatives, car le *chi* les traverse si rapidement que personne ne peut en profiter. De plus, si le *chi*, en suivant la trajectoire qui lui est imposée, passe par trop de coins, de racoins et d'angles, il peut s'y créer des flèches d'énergie qui transpercent littéralement n'importe qui sur son passage. Cette énergie négative, que l'on nomme *sha*, peut être la source de bien des problèmes; on affirme qu'elle peut provoquer des disputes, être à l'origine de problèmes de santé, et même attirer la malchance. Tout cela, bien entendu, sans qu'on puisse y déceler de raisons apparentes.

Si le *sha* flétrit et dénature tout ce qu'il touche, il en va tout autrement pour le *chi*, source d'énergie cosmique, souffle de vie. Le *chi* est le fondement de notre univers et de sa façon de fonctionner; il influence également chacun des êtres que nous sommes. Mieux! il fait de nous ce que nous sommes. La qualité même du *chi* est ce qui régit notre personnalité, mais aussi notre vitalité et notre santé. Les pratiques chinoises telles que la méditation, l'acupuncture, tout autant que les arts martiaux sont des moyens de canaliser l'énergie vitale de d'autres façons et d'augmenter le

flot du *chi* qui circule dans les méridiens ou conduits éner-
gétiques qui sillonnent notre corps.

D'ailleurs, s'il fallait établir une comparaison, nous
pourrions aller jusqu'à dire que l'art du feng shui est l'acupuncture de l'habitat. Si vous êtes familiarisé avec le yoga,
vous savez sûrement que le *prana* est la force vitale qui
énergise le corps, énergie que nous dirigeons par l'exercice
de la respiration; lorsque vous organisez votre demeure
selon les principes du feng shui, vous faites de même: vous
canalisez l'énergie dans une direction positive, tout en vous
débarrassant des obstacles et des barrières qui briment sa
libre circulation.

De plus en plus de gens souscrivent à l'idée suivante:
lorsque le flot d'énergie est interrompu ou bloqué chez l'être
humain, certains problèmes, de natures diverses, ne manquent pas de surgir. En ce qui concerne l'habitat, un *chi*
dont la circulation est entravée devient *sha* et peut donc, en
conséquence, perturber la santé des résidants; cela peut
aller du simple malaise à la maladie plus grave, ou encore à
des troubles psychologiques. Cela peut aussi affecter l'harmonie du couple ou des familles, avoir des conséquences
sur le plan des relations avec les autres, ou sur celui des
finances. Certes, nous le reconnaissons, c'est un concept un
peu différent de ceux dont on a l'habitude de prendre en
compte, particulièrement en Occident, mais que les habitats et les objets aient une âme n'est peut-être pas une idée
aussi saugrenue qu'on pourrait le croire au premier abord.

On pourrait dire que tout est question de culture.

La pratique du feng shui peut sembler un mélange de
logique et de mysticisme et, bien que certaines règles concernant la disposition des lieux ou l'emplacement du mobilier puissent paraître étranges et mystérieuses, tous ceux
qui les pratiquent ou qui s'y soumettent y accordent une foi
inébranlable. Le but est noble d'ailleurs, puisque la finalité
du feng shui est de contribuer au mieux-être.

Après nous être intéressés au feng shui de longue date, nous vous présentons, dans les pages qui suivent, certaines règles de base qui pourront vous permettre d'agir concrètement – et à très peu de frais – sur votre environnement.

LE FENG SHUI PRATIQUE

La première chose à faire, c'est non seulement de vous pencher sur votre demeure et son ameublement, mais aussi de vous attarder à réfléchir à votre vie en général, c'est-à-dire à vos buts et à vos aspirations, tant personnels que professionnels, à vos goûts et à vos préférences, à vos rêves, à vos besoins. À mesure que vous passerez d'une pièce à une autre, vous pourrez déterminer avec plus de netteté quels sont les éléments qui pourraient vous être nécessaires pour maximiser la circulation du *chi* partout à travers la maison et vous aider à atteindre ou à concrétiser vos buts – ultimement.

Avant de tenter de mettre en pratique le feng shui, vous devez toutefois diagnostiquer correctement le ou les problèmes, et découvrir comment les corriger.

QUELQUES RÈGLES

1. Concentrez-vous. Accordez-vous le temps nécessaire pour penser à vous, pour réfléchir à votre vie, à votre famille, à votre carrière, à vos finances et à vos buts. Dressez la liste de tous les aspects de votre vie que vous désirez améliorer ou changer.

2. Soyez flexible. Il peut exister plusieurs solutions à votre ou à vos problèmes et certaines peuvent agir plus rapidement (ou mieux) que d'autres. Essayez-en une et attendez de voir les résultats, si légers soient-ils. Si

vous n'obtenez pas de résultats au bout de quelques semaines, essayez une approche différente.

3. Ne sous-estimez pas le pouvoir des changements mineurs. Selon la pièce où vous effectuez le ou les changements, il peut arriver que la disposition d'un miroir, l'ajout d'une plante verte, d'une toile ou tout simplement le déplacement d'une table à un autre coin de la pièce suffise à transformer complètement l'équilibre de la pièce.

4. Soyez réaliste. Rappelez-vous que le feng shui n'est pas magique! Ce sont des changements subtils que vous allez effectuer, des ajustements mineurs dans bien des cas; vous ne devez donc pas vous attendre à une transformation radicale, mais plutôt à une évolution tranquille.

5. Gardez l'esprit ouvert. Observez les résultats obtenus, mais, de grâce, ne devenez pas obsédé en vérifiant quotidiennement si des changements s'effectuent! N'allez pas non plus vers l'autre extrême, en refusant de croire qu'il n'y aura aucun changement. Le feng shui, c'est la voie du milieu, de l'équilibre.

Rappelez-vous que lorsque vous pratiquez cet art, vous utilisez une méthode éprouvée depuis plus de trois millénaires. Vous pouvez, grâce au feng shui, agir sur votre destinée en influençant les événements de façon positive. Après tout, les règles qui régissent la pratique du feng shui sont essentiellement basées sur l'observation des résultats, et trois millénaires d'observation ne peuvent pas ne pas nous apprendre «quelque chose»...

Voici quelques questions utiles à vous poser et dont les réponses vous permettront d'obtenir de meilleurs résultats avec le feng shui.

•   Vous levez-vous frais et dispos chaque matin?
•   Êtes-vous satisfait de votre relation de couple?

- Certains membres de votre famille souffrent-ils de pro-blèmes de santé chronique?

- Les membres de votre famille sont-ils bien ensemble? s'entendent-ils de la façon que vous souhaitez?

- Êtes-vous en train d'essayer de fonder une famille?

- Est-ce que votre carrière ou votre profession progresse de façon satisfaisante, et de la façon dont vous vou-driez qu'elle progresse?

- Lorsque vous êtes assis à votre bureau ou à votre table de travail, vous sentez-vous efficace et capable de donner le meilleur rendement?

- Gagnez-vous autant d'argent que vous le désirez?

- Souhaiteriez-vous avoir un meilleur contrôle de vos finances?

- Avez-vous de bons amis, des personnes prêtes à vous aider?

- Vos amis, vos collègues, les membres de votre famille ont-ils une bonne opinion de vous?

Une fois que vous aurez décidé quels aspects de votre vie vous souhaitez améliorer ou changer, il vous sera plus facile de déterminer les endroits où vous devrez concentrer vos efforts. Vous serez aussi plus en mesure de déterminer les ajustements qui s'imposent.

LES OUTILS DU FENG SHUI

Les outils de base du feng shui proviennent de notre envi-ronnement, plus exactement de la nature – ce qu'on appelle le *ba-gua*. Ce sont les directions du compas, les cinq élé-ments et les couleurs. Les nombres jouent aussi un rôle important, mais nous nous y attarderons un peu plus loin.

En utilisant soigneusement ces outils, vous pouvez facilement créer l'harmonie dans votre environnement et jouir d'une bonne santé, du bonheur et du succès.

Le compas et les points cardinaux

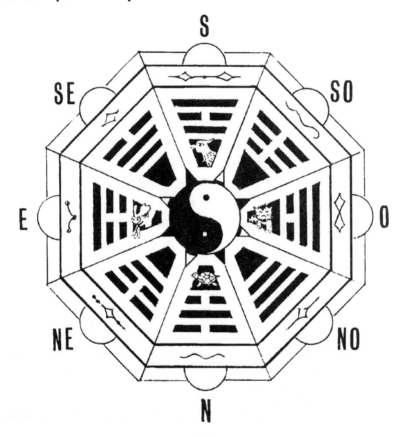

Les huit directions du compas forment la base de l'art de l'arrangement ou de la disposition qu'est le feng shui. La connaissance de ces directions, leurs caractéristiques et leurs sphères d'influence vous permettent de corriger certaines situations difficiles et de créer un climat harmonieux et équilibré.

Voyons donc les caractéristiques de chacune d'elles.

Le sud

Caractéristiques: gloire, fortune, festivités

Couleur: rouge

Nombre: 9

Élément:	feu
Animal:	oiseau
Saison:	été

Contrairement à nous, Occidentaux, qui nous servons du nord comme point de référence, les Chinois, eux, privilégient le sud. Ils lui accordent d'ailleurs une si grande importance que c'est ce point cardinal qu'ils placent à la tête de leurs cartes.

Le sud représente un haut niveau, dans tous les sens du terme. De la même manière qu'il gouverne le haut du compas, il représente aussi l'été qui est le point chaud de l'année. C'est la direction la plus favorable et elle possède de nombreuses connotations positives. Gloire, fortune, fêtes, tous ces éléments sont réputés se réaliser plus facilement pendant les jours chauds de l'été et sont donc régis par ce point cardinal. Pas surprenant, donc, que cette direction soit associée à la chaleur, au feu et à la couleur rouge, qui est aussi, pour les Chinois, la couleur du bonheur et des célébrations. Si vous peignez en rouge une porte faisant face au sud, vous éloignerez les problèmes, tout en attirant vers vous la gloire et la fortune.

Les oiseaux sont aussi associés au sud, particulièrement le phœnix qui renaît éternellement de ses cendres, de la même façon que l'été revient après l'hiver et que le jour succède à la nuit. Le nombre 9 est aussi associé au sud. Ce nombre, le plus élevé des nombres primaires, suggère l'abondance de la vie reliée à l'été.

L'ouest

Caractéristiques:	pureté, enfants
Couleur:	blanc
Nombre:	7
Élément:	métal
Animal:	tigre
Saison:	automne

La direction du soleil couchant est naturellement associée à l'automne et aux récoltes; le métal, extrait de la terre et utilisé pour fabriquer les instruments qui servent à la culture et aux tâches reliées à la récolte, est l'élément correspondant à ce point cardinal.La couleur blanche est associée à l'ouest et représente la brillance du métal; cette couleur évoque aussi la pureté et l'enfance, qui sont les domaines d'influence et d'intérêt de l'ouest. Le tigre – particulièrement le tigre blanc – symbolise l'ouest. Le 7 est le nombre de cette direction.

Le nord

Caractéristiques: carrière, profession, succès, mort

Couleur:	noir
Nombre:	1
Élément:	eau
Animal:	tortue
Saison:	hiver

Au même titre que le sud représente la chaleur, l'abondance et l'été, le nord est, quant à lui, associé au froid et aux temps sombres de l'hiver. À l'opposé du sud, relié au feu, le nord est associé à l'eau. Dans la pratique du feng shui, l'argent est également symbolisé par l'eau: plus l'eau est noire et profonde, plus elle symbolise une somme importante d'argent; quant au courant de l'eau, il est directement associé à la circulation de l'argent.

Les carrières et professions ainsi que les affaires sont gouvernées par ce point cardinal. Par contre, certains des éléments les plus sombres de la vie, tels la mort, le mal et les calamités, sont aussi régis par le nord et sa sphère d'influence. Pour pallier cet effet, le nord est relié à la tortue, un symbole de longévité, ce qui atténue l'association avec la mort. Le nombre du nord est le 1.

L'est

Caractéristiques: santé, famille
Couleur: vert
Nombre: 3
Élément: bois
Animal: dragon
Saison: printemps

L'est est la direction du soleil levant; c'est le point cardinal associé à la croissance, à la santé et à la vie familiale. Le printemps est la saison de l'est; comme nous pouvons nous y attendre, la jeunesse et la couleur verte sont sous l'influence de ce point cardinal.

Le bois est l'élément rattaché à cette orientation, tandis que le dragon en est l'animal, symbolisant la force, le pouvoir et la croissance. L'harmonie et la prospérité sont aussi des sphères d'influence de l'est. Son nombre est le 3.

Les directions situées entre les points cardinaux sont d'aspects pratiques et renforcent les meilleurs aspects des deux points cardinaux au centre desquels elles se trouvent.

Le sud-est

Caractéristiques: richesse, fortune, festivités
Couleur: violet
Nombre: 4

À mi-chemin entre le sud et l'est, cette direction gouverne certains aspects de la finance, notamment la richesse. L'origine de cette qualité provient vraisemblablement du fait que les principales affaires commerciales de la Chine se produisaient dans les villes qui longeaient la côte sud-est; le meilleur exemple illustrant cette hypothèse est indéniablement Hong-Kong qui, même de nos jours, reste un point de commerce international de grande importance. On associe le violet avec cette direction, tandis que le nombre qui y est rattaché est le 4.

Le sud-ouest

Caractéristiques: mariage, partenariat, maternité

Couleur: jaune

Nombre: 2

Le sud-ouest est d'une connotation pratique très spécifique, car cette direction régit le mariage, les conjoints, mais aussi toutes les formes de partenariat. La maternité est aussi sous son influence. Le jaune est relié à la terre et à cette direction; le 2, qui suggère la paire, les partenaires, l'enfant et sa mère, en est le nombre.

Le nord-est

Caractéristiques: connaissances, intelligence, succès scolaire

Couleur: turquoise

Nombre: 8

Cette direction représente les connaissances, l'intelligence, de même que l'apprentissage. Le turquoise en est la couleur correspondante, car il combine le bleu du ciel, symbolisant les hautes aspirations, et le vert, symbolisant la croissance et la jeunesse. Le 8 qui, en cantonnais, ressemble phonétiquement de très près au verbe prospérer en est le nombre. Les Chinois considèrent d'ailleurs que l'éducation est la voie qui mène au succès et à la prospérité.

Le nord-ouest

Caractéristiques: voyages et déplacements, bienfaiteurs, paternité

Couleur: gris

Nombre: 6

Cette direction correspond aux voyages et aux déplacements, qu'ils soient rattachés à des raisons familiales ou professionnelles, qu'il s'agisse de voyages de courtes distances ou internationaux. Cette direction régit également la paternité. L'une des plus importantes sphères d'influence de cette direction est de refléter la vie à l'extérieur de la demeure, ainsi que les amis et les personnes qui peuvent vous venir en aide. La couleur représentant cette direction est le gris, et le 6 est son nombre.

Les éléments

L'une des meilleures façons de créer un bon feng shui, ou d'en corriger un mauvais, est de se servir des cinq éléments. Réunir, séparer et arranger les cinq éléments dans des endroits appropriés, selon les orientations cardinales, est l'une des méthodes de base pour équilibrer le *chi* de votre demeure. Il faut d'ailleurs bien préciser que les cinq éléments interagissent dans un cycle créatif ou destructif, selon la façon dont ils sont représentés dans votre environnement, car ils agissent directement sur celui-ci.

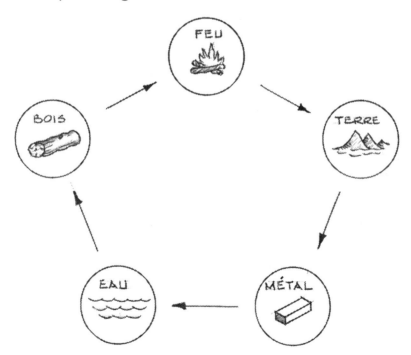

- CYCLE CRÉATIF: dans celui-ci, le bois nourrit le feu; les cendres du feu nourrissent la terre et la terre, à son tour, produit les minéraux et les métaux; le métal produit de l'eau par condensation sur sa surface et, finalement, l'eau crée et nourrit les plantes et les arbres qui donnent le bois.

- CYCLE DESTRUCTIF: ce cycle ressemble au jeu des enfants que vous connaissez sûrement, ciseaux, papier, roche. Dans ce cycle, le feu fait fondre le métal; le métal coupe le bois; le bois pourrit dans la terre; la terre brouille l'eau et, finalement, l'eau éteint le feu.

Dans la Chine ancienne, on croyait que la malchance tout autant que les catastrophes naturelles provenaient de blocages dans le flot du cycle créatif. Bien qu'il soit improbable que nous puissions produire des calamités de grande envergure en interrompant ou en désorganisant le cycle naturel créatif – il faudrait toutefois regarder de plus près les conséquences des travaux de l'homme sur l'environnement –, l'idée que nous puissions causer des perturbations dans notre vie personnelle et professionnelle en créant un cycle destructif d'éléments dans l'habitat semble plus facilement acceptable. Cela ne signifie pas nécessairement l'apparition de heurts ou de malheurs, mais simplement qu'il nous sera parfois impossible de tirer parti du *chi*.

Voici quelques exemples d'associations créatrices, mais aussi destructives.

- Le feu est associé au sud et à la couleur rouge. On l'associe également à la gloire, à la fortune et aux festivités. Si vous désirez accroître votre bonne fortune, atteindre la gloire ou tout simplement apporter un peu de légèreté dans votre vie, placez des chandelles rouges dans le coin sud du salon ou du bureau.
- L'eau éteint le feu, c'est une évidence. Dans la pratique du feng shui, nous éviterons donc de placer un aquarium, une fontaine ou même une quelconque représentation d'un cours d'eau (sur une peinture, par exemple) dans le coin sud d'une pièce. Que cela soit intentionnel ou non, un élément du feu pour augmenter votre bonne

fortune sera annulé par la représentation de l'élément de l'eau. Cela annihilera toutes vos chances de profiter des bonnes influences offertes par le sud et d'atteindre vos buts.

- Il faut éviter de placer tout objet de métal, comme des chandeliers de laiton ou des pièces d'étain ou d'argenterie, contre le mur est d'une pièce. Dans son cycle destructif, le métal coupe le bois, qui est l'élément de l'est. Une telle disposition, et l'action qui est présumée en résulter, pourrait briser la cohésion familiale ou, à tout le moins, affaiblir les liens entre ses membres.

- L'ouest est associé aux enfants; vous pouvez aider à renforcer positivement le *chi* d'un jeune enfant en plaçant un élément de métal blanc, comme une statue, un cadre, voire une lampe, contre le mur ouest de sa chambre.

Comme on peut le remarquer, la pratique du feng shui se résume à des choses simples; certes, il existe des variantes plus complexes, mais celles-ci sont habituellement réservées à des praticiens expérimentés. Cela dit, la règle ultime dans cette pratique est d'avoir du plaisir et de faire preuve de créativité lorsque vous décidez de bâtir un bon feng shui dans votre demeure. Vos buts et vos intérêts vous serviront de guide pour équilibrer le flot du *chi*.

Les couleurs

Comme nous l'avons souligné en introduction, les couleurs sont un des aspects déterminants dans l'aménagement intérieur et la décoration. C'est d'ailleurs, très souvent, la première chose qu'on remarque lorsqu'on entre dans une maison. La couleur peut faire paraître une pièce plus petite ou plus grande, mais aussi plus accueillante ou plus froide. En raison de cette importance, des effets significatifs de la couleur sur l'aspect et l'atmosphère d'une pièce, elle est un élément important du feng shui.

Il va de soi que le choix des couleurs est quelque chose de très personnel – ne dit-on pas que les goûts et les couleurs ne se discutent pas? –, mais, comme vous serez en mesure de le constater un peu plus loin, il existe suffisamment d'associations de couleurs (bénéfiques) possibles pour vous assurer un bon feng shui, tout en vous permettant de satisfaire vos goûts personnels.

Il ne faut toutefois jamais oublier que la couleur d'une pièce doit s'accorder, outre nos préférences personnelles, à l'activité prévue pour celle-ci, cuisiner, dormir, étudier ou travailler, etc. Une autre dynamique du feng shui suggère d'utiliser les couleurs pour agir sur le ou les buts que l'on souhaite atteindre. Par exemple, si vous démarrez une nouvelle entreprise, votre but sera bien évidemment de vous créer une bonne réputation et de connaître le succès. Dans cette perspective, le feng shui suggère d'utiliser, dans votre pièce de travail, le noir, lequel symbolise non seulement le succès en affaires, mais aussi l'argent. Bien sûr, certains considéreront le noir comme trop lugubre; il suffira alors de l'utiliser de façon discrète – il n'est d'ailleurs pas nécessaire de peindre la pièce entière en noir pour s'assurer un bon feng shui. Des couleurs pastel, auxquelles on ajoutera des touches de noir, susciteront le même effet favorable. Il ne serait pas déplacé, dans un tel contexte, d'utiliser également quelques touches de rouge pour la bonne réputation et la gloire.

On retiendra aussi que le blanc est très ambigu. C'est la couleur de la pureté, certes, mais c'est également la couleur du deuil pour les Chinois – on ne se sert d'ailleurs jamais du blanc dans les festivités comme on le fait chez nous, dans la célébration d'un mariage, par exemple.

Il convient donc d'utiliser le blanc de façon pertinente. De plus, comme le blanc est aussi une couleur yang, vous devrez penser à l'équilibrer à l'aide de couleurs yin, plus sombres, pour y ajouter un élément féminin, plus doux – rappelons que les caractéristiques du yang sont la masculinité et l'intensité. Cela aura pour effet d'équilibrer les éléments du yin et du yang dans la pièce et d'assurer ainsi l'harmonie.

Les couleurs bleu et vert sont associées à l'élément du bois, avec le printemps – le renouveau. Dans le langage chinois ancien, le même mot décrit le bleu du ciel et le vert des jeunes pousses. Ces deux couleurs seront tout à fait appropriées pour les pièces qui font face à l'est, car elles accentueront l'harmonie sur les plans de la santé, de la vie familiale et de la croissance.

Le jaune est l'une des couleurs les plus utiles et les plus polyvalentes de la palette de couleurs, et le feng shui lui accorde une grande importance – notons que le jaune était la couleur *officielle* des empereurs de Chine. Vous pouvez opter pour toutes les teintes allant du jaune le plus pâle aux teintes ocres ou or pour la salle familiale, le bureau, et pour toutes les pièces où vous désirez ajouter une touche d'intensité. Le jaune est aussi associé au sud-ouest, qui régit la maternité. Cette couleur est tout à fait appropriée pour une chambre à coucher dans le cas d'un couple qui désire concevoir un enfant.

Le rouge est la couleur de la chance. Cette couleur est associée au sud, à l'élément du feu, à la vie, à la chaleur et à la joie; soulignons à ce propos que les Chinoises portent des robes rouges pour leur cérémonie de mariage, et que les invitations sont également imprimées sur des cartons rouges. En passant, si vous avez la chance d'avoir une porte d'entrée donnant sur le sud, peignez-la en rouge, vous obtiendrez les influences les plus bénéfiques qui soient!

Les nombres

Tous les nombres ne sont pas égaux pour les Asiatiques; certains sont reconnus être beaucoup plus chanceux que d'autres. C'est d'ailleurs ce qui explique que certains d'entre eux sont particulièrement recherchés pour les adresses civiques, les numéros de téléphone et de télécopieur, de même que pour les plaques d'immatriculation des véhicules.

Le 9 symbolise la plénitude du ciel et de la terre; c'est le numéro chanceux par excellence, en raison de ses qualités mystiques. En effet, si vous multipliez 9 par n'importe quel nombre primaire, la somme des chiffres qui en résultera donnera toujours un total de 9. Multiplions par exemple 9 par 2, la somme de la multiplication sera 18; en additionnant le 1 et le 8, nous obtenons encore le 9 pour résultat. Il en est ainsi pour tous les nombres de 0 à 9 – vérifiez vous-même! Associé au sud et à la bonne fortune, le 9 est particulièrement avantageux, selon le feng shui.

Le 8 est aussi un nombre privilégié, car sa prononciation est proche de celle du mot cantonnais, prospérité. Dans cette même perspective, d'autres chiffres possédant un ou plusieurs 8 sont aussi réputés apporter la chance; 48, par exemple, signifie beaucoup de prospérité, tandis que la consonance de 28 rejoint celle de «prospérité facile» – ce qui explique d'ailleurs sa (très) grande popularité! En revanche, le chiffre 58 est évité comme la peste, car sa consonance ressemble à celle de «non prospère».

Le 6 est également considéré comme un nombre chanceux en raison de sa consonance qui rappelle celle du mot «longévité».

En ce qui concerne les nombres malchanceux, ou défavorables, c'est le 4 qui apparaît en tête de liste, essentiellement parce que sa prononciation est proche de celle du mot «mort». Un Asiatique voulant acheter une maison refusa même de pénétrer dans une propriété dont l'adresse était le 444 pour la visiter. Lorsque l'agent immobilier lui en demanda la raison, le client lui répondit qu'il était hors de question qu'il achète une propriété dont l'évocation «Mort, mort, mort» apparaissait sur la porte d'entrée.

LES ARCHÉTYPES D'UN BON FENG SHUI

Bien souvent, il est plus facile de décrire ce qui ne va pas, de souligner les *erreurs* plutôt que de reconnaître les signes favorables, que cela concerne un édifice, une maison ou même l'arrangement d'une pièce.

Favoriser l'harmonie ou le feng shui d'une maison ou d'un lieu de travail améliorera de façon significative la qualité de vie des individus qui y résident ou y travaillent. Il existe des signes universels de bon feng shui qui sont reliés à cinq agents; ces points de référence ne sont toutefois pas absolus et ne sont pas nécessairement des *must* dans une maison ou un bureau. Nous dirions plutôt que ce sont des facteurs qualitatifs reliés à un site ou à un immeuble et qui harmonisent celui-ci avec son environnement. Ces qualités peuvent également être présentes dans une maison, ou même dans une pièce. En fait, on peut les appliquer partout, tant à l'intérieur qu'à l'extérieur, dans toute la maison ou dans le coin d'une pièce.

En bref, cela signifie qu'une pièce de votre maison peut avoir un bon feng shui et que la pièce d'à côté peut en avoir un mauvais.

Voici les cinq éléments, ou archétypes, qui régissent le feng shui.

Le dragon de la terre

Si quelqu'un vous dit que vous avez un dragon de la terre dans votre maison, cela signifie que son harmonie est approuvée ou soutenue de façon spectaculaire. Dans le contexte naturel, cela veut dire qu'une importante colline, une montagne ou encore un bois d'arbres plus haut que votre résidence se trouve derrière celle-ci; dans une zone urbaine, c'est qu'il se trouve un édifice très haut derrière votre habitat.

Mais qu'est-ce exactement que «le dragon de la terre»? Essentiellement, c'est une fondation, un point de soutien, placé en retrait. Pour avoir un maximum d'efficacité, ce dragon doit se trouver juste derrière votre édifice, en ligne directe avec la porte d'entrée; il doit également être visible. Si cet immeuble est trop loin, ou s'il n'est pas dans l'axe mentionné, son influence ne comptera pas; il en est de même s'il est trop près, car, alors, sa force ne protégera pas votre édifice, mais l'écrasera plutôt de son pouvoir. Le dragon de la terre est une force très puissante que l'on doit respecter, et dont on doit se servir pour le bien, et non pour écraser ou dominer.

Les gardiens du bois

Idéalement, de chaque côté d'un édifice, à droite et à gauche, qu'il soit résidentiel ou commercial, devraient se trouver des «protecteurs», qui le soutiennent ou le défendent. Ces gardiens peuvent être de petites collines, des arbres ou même des buissons, mais disposés proportionnellement de chaque côté de l'édifice; dans une ville, ce peut être les constructions voisines.

Ces gardiens offrent leur protection, leur soutien, positif il va sans dire. Les meilleurs gardiens sont cependant ceux qui sont d'origine vivante, c'est-à-dire organique – en ce sens, ils peuvent être vos voisins immédiats. Vous-même pouvez jouer ce rôle pour les autres.

Les gardiens peuvent enfin être symboliques, comme des statues de chiens Fu (que l'on retrouve d'ailleurs de chaque côté de l'entrée de nombre de propriétés asiatiques); il peut aussi s'agir de lions. Ces gardiens symboliques représentent des entités vivantes de protection que l'on tire de la mythologie ou des mondes des élémentaux, qu'il s'agisse d'elfes, de sylphides, de déités, d'animaux totems ou d'autres encore.

Le cours d'eau

Quand on évoque l'élément «cours d'eau», on parle bien sûr d'eau, mais ce concept englobe également toutes les formes d'énergie qui circulent et passent autour et à travers un site; ces énergies, qui comprennent le *chi*, suivent un passage et servent à baigner et à nourrir un lieu. Tout flux ou flot énergétique est donc considéré, dans ce contexte, comme un cours d'eau.

Ces énergies qui nourrissent les habitants et les soutiennent dans l'atteinte de leurs objectifs sont, par définition, de bons cours d'eau – au même titre qu'un bon cours d'eau apporte suffisamment de fluide pour entretenir la vie, mais pas assez pour noyer et détruire.

La piscine dorée

Il est entendu que le flot d'énergie qui passe par votre porte d'entrée est important, mais il faut aussi être capable de récolter cette énergie et de l'emmagasiner à l'intérieur, afin de tirer un maximum de bénéfices de ce bon feng shui.

On retrouvera particulièrement ces «réservoirs» dans les espaces libres, ou encore dans les formes creuses qui se trouvent le long du parcours du cours d'eau. Cela dit, il ne faut recueillir que l'énergie dont on a besoin afin de permettre à l'énergie de circuler, sans que soit entravé le cours normal du flot énergétique.

Le cœur de l'esprit

Tous les habitats sont conçus pour abriter l'être humain, mais il faut néanmoins garder à l'esprit que les aspirations de chacun et chacune sont différentes. Il faut donc analyser le feng shui de notre demeure selon nos propres buts, nos propres aspirations, nos propres rêves – et les réalisations que nous souhaitons accomplir. Toute pièce devrait d'ailleurs avoir un coin qui symbolise les aspirations de son occupant, qui sert en quelque sorte de point focal, qui suscite la réflexion sur nos priorités, avant de les diriger vers le ciel. On retrouve d'ailleurs, dans nombre de maisons d'Asie, un *tokunoma*, c'est-à-dire une alcôve décorée avec un *ikebana* (une pièce calligraphique) qui élève le cœur et l'esprit pour lui permettre d'accéder à un niveau spirituel supérieur. D'autres demeures possèdent des autels dédiés à des divinités ou à des saints qu'on prie et auxquels on demande protection.

VOTRE MAISON
ET L'ART DU FENG SHUI

Nous arrivons maintenant dans le vif du sujet, c'est-à-dire la phase pratique du feng shui, son application dans votre vie et dans votre demeure. Comme vous pourrez le constater, cette pratique n'est pas nécessairement difficile ou complexe, comme elle n'exige pas, non plus, que nous changions notre style de vie de façon radicale. Le plus souvent, il suffit de quelques ajustements ou de quelques corrections mineures pour atteindre notre but et créer un bon feng shui.

Comme nous l'avons vu précédemment, la circulation du *chi* à l'intérieur de notre corps et autour de notre maison a un impact considérable sur notre vie. Le *chi* est partout, retenons-le; il circule et imprègne tout ce qui est, mais son effet peut être positif ou négatif selon son flux et sa vitesse.

Un flot qui circule librement et sans heurts a une influence positive sur notre existence, car ce flot nourrit d'énergie vitale tout ce qui se trouve sur son chemin. En revanche, lorsque le flot d'énergie est bloqué, qu'il devient stagnant ou encore lorsqu'il circule trop rapidement, il a un effet négatif sur notre bien-être. Un des principaux buts du feng shui est justement de contrôler ce flot d'énergie afin qu'il circule bien, mais non sans remplir certains réservoirs, ce qui permet de conserver une partie de ce *chi* pour nos besoins personnels.

Une fois que vous saurez comment attirer un *chi* bénéfique dans votre vie, vous pourrez manipuler ce courant de façon à jouir de ses bénéfices et atteindre certains buts spécifiques. Quand vous parviendrez à reconnaître le mauvais *chi*, ou l'énergie négative, vous pourrez également, facilement, le reconnaître et, surtout, corriger la situation pour rétablir un courant d'énergie positive et ainsi régler les problèmes et les difficultés que ce flot négatif causait dans votre environnement.

Non seulement peut-on dire que le *chi* est une force de la nature, mais on peut même le considérer comme le souffle de la vie. Cette énergie se retrouve et se déploie partout dans l'environnement; conséquemment, lorsque votre intérieur s'inspire de la nature, le *chi* y croît également.

Lorsque le flot énergétique circule harmonieusement, l'équilibre naturel règne assurément. En conséquence, il n'est pas vain ou futile de vous promener dans votre quartier pour l'examiner avec plus d'attention (et d'intérêt), de façon à percevoir les courants d'énergie qui y circulent et l'influence que ceux-ci peuvent avoir sur votre vie. Des pelouses en santé, des arbres, des maisons soignées, des édifices à logements en bon état sont autant de signes que l'énergie circule de façon normale et que le yin et le yang sont en équilibre. De la même façon, des pelouses en mauvais état, des arbres rabougris, des maisons et des appartements vétustes et mal entretenus sont le signe certain de blocages ou d'une circulation trop rapide du *chi*.

Tenez également compte de l'environnement humain. Être entouré de personnes aimables et serviables est l'un des bénéfices d'un *chi* positif. Mais un bon voisinage ne fait pas que refléter un *chi* positif, cela contribue aussi à le maintenir en encourageant ou en développant une solidarité, une entraide, laquelle peut aller du prêt d'une occasionnelle tasse de sucre aux courses que l'on fera pour une personne âgée ou alitée. Cela peut aussi se traduire par un œil vigilant de la part de tous afin de prévenir les crimes dans l'entourage.

Si le tableau de ce qui vous entoure ne semble pas idéal, ne perdez pas courage. Il existe plusieurs façons d'ajuster vous-même le flot du *chi* qui circule dans votre propriété et autour d'elle. Cela peut aller de la réparation de votre demeure et l'entretien de votre cour jusqu'à la plantation de fleurs et d'arbustes afin de créer l'environnement le plus agréable possible. Vous n'avez pas nécessairement besoin de collines ou d'une rivière pour attirer les bénéfices mentionnés précédemment. Il existe bien des manières de recréer ces conditions de façon artificielle pour, en quelque sorte, imiter la nature.

L'ART DU DIAGNOSTIC FENG SHUI
(ou comment reconnaître les problèmes)

Voici donc la marche à suivre pour analyser la situation, reconnaître les problèmes et déterminer l'harmonie (ou le manque d'harmonie) dans tout environnement, qu'il s'agisse d'une pièce, d'une résidence, d'un édifice à logements ou à bureaux, et cela, indépendamment du fait qu'il soit habité ou vacant. Gardez à l'esprit que tous les éléments doivent être intégrés afin de pouvoir établir un plan d'action qui suggérera des façons d'améliorer ou de corriger les défauts, selon les capacités et le budget de chacun.

Lorsque vous évaluez le feng shui d'un endroit, faites-le toujours comme s'il s'agissait de l'habitat d'une autre personne. Cela vous permettra de conserver une attitude objective, d'être mieux en mesure de déterminer les carences ou les problèmes et de concevoir les solutions. Assurez-vous aussi, enfin, de suivre toutes les étapes afin de ne rien oublier.

Première étape: l'historique du lieu

D'abord, vous devez essayer d'apprendre, au mieux de votre capacité, les événements qui se sont déroulés dans chacune des pièces ou chacun des lieux qui composent l'habitat (qu'il soit résidentiel, professionnel ou commercial). Idéalement, on devrait établir ce même historique pour le quartier, voire la ville.

Les informations concernant les personnes qui y ont habité auparavant et celles qui y habiteront avec vous sont aussi de celles qui peuvent vous être utiles, car il arrive parfois que certaines pièces libèrent des émotions ou des impressions qui peuvent interférer avec certains aspects de votre vie. Assurez-vous donc d'avoir le plus grand nombre de détails possible concernant l'historique de l'endroit et de ses habitants. Vous devez aussi tenter de connaître, du mieux que vous le pouvez, les buts et les aspirations des résidants actuels des lieux (votre partenaire amoureux, votre famille, votre coloc, etc.), à court, à moyen et à long termes. Plus tard, il vous sera possible de tirer profit de ces informations et d'établir une corrélation qui pourra confirmer ou infirmer vos premières impressions.

Deuxième étape: les formes et les lignes

Examinez le terrain à l'extérieur pour connaître les compositions géologiques ou urbaines de l'environnement immédiat; déterminez la forme du bâtiment. Vous pouvez aussi, si vous les possédez, examiner les plans de l'immeuble ou de la résidence. Notez tout spécialement la forme des pièces, les relations de celles-ci avec les portes et les fenêtres, les arches, les voies d'accès et les corridors.

Troisième étape: le flot du *chi* et sa force

Essayez de déterminer les impressions (ou les sentiments) que vous ressentez, sur le plan de l'énergie ou de la circulation de celle-ci, tout au long de votre visite des lieux: vous sentez-vous oppressé ou, au contraire, êtes-vous habité par un sentiment de bien-être? Notez ces impressions passagères et toutes les autres que vous pourrez ressentir, tant sur le lieu en général qu'à chacune des pièces. Y a-t-il des endroits où vous vous sentez plus à l'aise? D'autres qui font naître en vous de l'inconfort? Remettez-vous-en à votre intuition.

Quatrième étape: l'orientation

Notez l'orientation de chacune des pièces; les buts et les aspirations de chacun de ceux qui y habitent aideront à déterminer quelle pièce devrait idéalement leur être attribuée.

Cinquième étape: les symboles

Il est essentiel de reconnaître les symboles présents dans chacune des pièces, de les examiner soigneusement, d'en établir la signification ainsi que la relation avec les différents membres de la famille, leurs buts, leurs aspirations, et l'influence qu'ils peuvent avoir. Cet examen touchera aussi bien les toiles, les photographies, les images et les représentations graphiques que les bibelots, la couleur des pièces, l'aménagement intérieur, le style des meubles et la nature des tissus. On notera aussi les différences entre les pièces privées (les chambres à coucher, notamment) et les pièces publiques (celles où l'on reçoit les invités). Cette étude devra aussi comprendre une analyse de l'extérieur de l'édifice, et même de sa structure.

Sixième étape: les sources d'eau

Vérifiez la plomberie – eh oui! –, les baignoires, les lavabos, les douches; la piscine, les fontaines et toutes les sources d'eau qui se trouvent à l'intérieur et à l'extérieur de l'habitat. Informez-vous de toute fuite ou de tout dégât d'eau, récent ou passé. Évaluez aussi la qualité de l'eau potable.

Une fois cet examen terminé, concentrez-vous sur le flot d'activités; les mouvements des personnes, la circulation sur la rue, l'abondance ou le manque de végétation autour de la maison. Évaluez la somme des sources nourricières qui circulent dans l'édifice et autour de lui, ainsi que la quantité d'énergie conservée dans la structure.

Septième étape: le vent

Informez-vous du modèle climatique de la région, spécialement des vents qui tourbillonnent autour de l'édifice, ou encore dans ses environs; essayez de découvrir s'il existe un modèle de vent unique à cet édifice ou à ses environs. Vérifiez le degré d'érosion causée par le vent et les éléments à la structure du bâtiment. Vérifiez les lignes de haute tension, ainsi que les radiations pouvant provenir d'émetteurs à haute fréquence ou à micro-ondes. Informez-vous pour connaître la proximité de tout site de traitement des eaux usées et d'enfouissement.

Huitième étape: les autres sources d'information

Les praticiens du feng shui suggèrent – aussi étonnant que cela puisse paraître – qu'on ait recours à d'autres sources d'information, comme le *I Ching*, le tarot ou l'astrologie, pour valider ou invalider nos hypothèses. De fait, pour le feng shui, la relation de cause à effet n'est pas toujours évidente, car elle est souvent d'origine karmique. Ce karma n'est pas nécessairement celui des habitants actuels; il peut provenir du passé. Une confirmation par plus d'un système peut donc, en ce sens, vous aider à déterminer le degré d'urgence de certaines corrections ou de certains dangers.

Neuvième étape: l'impression générale

À ce stade, il est temps de faire le tri des informations et des impressions reçues et compilées afin d'intégrer le tout dans un rapport compréhensible pour vous et les personnes concernées.

Un des aspects importants de votre enquête consiste à examiner la façon dont chacun des membres de la famille interragit avec les autres, avec les animaux, et même avec les plantes et les objets qui l'entourent; il est aussi bon d'évaluer le degré de spiritualité et d'intérêt pour les choses invisibles et mystiques de chacun des individus concernés.

Une fois cela fait, vous pouvez établir une liste des priorités pour corriger ou pour transformer le feng shui de l'édifice, de la maison ou de l'appartement – ou de l'une de ses pièces – afin d'harmoniser les énergies avec les buts et les aspirations des membres de la famille.

Dixième étape: l'intervention

Cette dernière étape est celle de la correction des problèmes. Pour corriger les problèmes que vous avez décelés, vous devez vous servir de votre imagination, de votre expérience et de l'analyse des données que vous avez récoltées. Parlez et discutez des sept corrections les plus importantes qui pourront le mieux contribuer au rétablissement du flot harmonieux du *chi* et harmoniser l'énergie du feng shui avec les buts et les aspirations des occupants des lieux.

Nous précisons sept corrections car, selon les praticiens du feng shui, ce serait là le nombre idéal d'éléments à corriger; si vous deviez en avoir plus, réservez les moins importants pour une intervention ultérieure. Faites participer à tous les changements ceux qui vivent dans cet endroit, dans la mesure du possible, bien entendu. Servez-vous de leurs idées et de leur créativité afin qu'ils rétablissent eux-mêmes le flot d'harmonie et qu'ils réussissent à équilibrer les forces yin et yang de leur pièce respective.

LES POINTS FRÉQUEMMENT SOULEVÉS

Bien que toutes les maisons, tous les immeubles et les bâtiments soient différents, au même titre d'ailleurs que les terrains sur lesquels ils sont construits, certains aspects peuvent être communs, parfois en raison de leur aspect pratique qui a été reproduit, parfois aussi simplement parce qu'ils relèvent de modes ou de styles architecturaux qui ont marqué certaines époques précises – et pas toujours avec le résultat escompté!

Voici donc quelques exemples de mauvaise utilisation de l'énergie que l'on rencontre fréquemment.

Des formes biscornues attirent des vies perturbées

Les gens tiennent de plus en plus à se différencier des autres et, conséquemment, certains confrères architectes produisent des plans de plus en plus singuliers, pour ne pas dire excentriques, afin de satisfaire leurs clients, mais en oubliant les éléments de base. Cela a souvent pour résultat que les individus qui vivent ou travaillent dans ces structures hétéroclites voient celles-ci influencer leur style de vie. Cela s'explique par certaines règles essentielles d'architecture et d'aménagement, mais plus encore lorsqu'on introduit la dynamique du feng shui. Selon celle-ci, le flot d'énergie circule difficilement dans de tels environnements, les coins et recoins tendent à conserver des *mares* d'énergie stagnante et créent ainsi des conditions difficiles de vie. D'ailleurs, sur le strict plan du feng shui, plus la pièce est irrégulière, plus la vie personnelle des gens qui y habitent sera pertubée.

Les maisons de verre

Tant pour les maisons que pour les édifices à bureaux, la tendance est de remplacer le plus de murs extérieurs possible par de la vitre (baies vitrées, fenêtres, portes-fenêtres, etc.). Si le verre permet effectivement à la lumière de pénétrer l'habitat, il permet aussi au *chi* d'en sortir très rapidement. Rappelons-nous, comme nous l'avons précisé avant, que le *chi* se concentre dans les coins; évidemment, lorsque ce coin est formé par deux fenêtres, on peut dire adieu à cette énergie. Trop de fenêtres à des endroits inappropriés laisse donc cette ressource s'envoler.

La voie principale d'accès à la maison: le garage

C'est une erreur. La voie par laquelle pénètrent les personnes pour se diriger vers la porte d'entrée principale devrait avoir la place prédominante. Dans bien des cas, la seule voie d'accès visible est celle qui mène les voitures au garage, alors que le chemin ou le trottoir qui conduit à la maison semble avoir été improvisé. Bien souvent, cela peut indiquer que les habitants portent une attention démesurée à leurs véhicules, que leur vie est menée à un rythme effréné ou encore, au contraire, qu'elle est stagnante, et que le moindre prétexte sert à un déplacement.

Une clôture (ou une barrière) cachant la porte d'entrée

Les habitats dont on ne peut voir la porte d'entrée révèlent certaines caractéristiques de leurs occupants. Plusieurs hypothèses s'offrent à nous: il se peut que ces personnes veuillent échapper à leur famille, à leurs amis, ou encore à la communauté en général; il est aussi possible qu'elles n'aient pas de point focal dans leur vie ou qu'elles veuillent le garder secret. Une autre hypothèse: ces personnes ne reçoivent tout simplement pas l'énergie nécessaire pour combler leurs aspirations ou réaliser leurs buts. C'est en tout cas le signe de gens qui se cachent ou cherchent à se dissimuler.

La cuisine, centre de l'énergie vitale

Le type de cuisine le plus populaire, de nos jours, est celle que l'on installe dans une sorte de couloir ou de corridor, où l'on ne fait que passer pour aller autre part. Ou encore, il s'agit du concept de la cuisine ouverte sur une ou d'autres pièces de la maison.

En ce qui concerne la *cuisine-couloir*, on retiendra que la personne qui y prépare la nourriture ou qui cuisine est constamment dérangée par ceux qui y passent pour se rendre ailleurs; il arrive souvent, dans ces cas, que celui qui y cuisine se sente en quelque sorte pressé; les repas préparés manquent alors de créativité et de goût et, surtout, de *prana* qui est la forme d'énergie vitale nourricière.

En ce qui concerne la *cuisine à aire ouverte*, le problème est quelque peu différent, en ce sens que la personne qui cuisine est constamment distraite par tout ce qui se passe autour d'elle, avec pour résultat que l'énergie est dispersée aux quatre vents, l'espace étant trop vaste. Si cela n'avait que des répercussions sur le plan de la nourriture, on pourrait certes s'en accommoder, mais cela a également une incidence sur bien d'autres aspects de la vie quotidienne, puisque c'est aussi autour d'une table qu'on se réunit, non seulement pour partager un repas, mais également pour échanger avec une certaine liberté et une certaine joie.

Les salles à manger modernes

La majorité des salles à manger modernes sont en quelque sorte *à la croisée des chemins*; si elles sont entourées de quatre murs, on peut être sûr qu'au moins trois d'entre eux auront été utilisés pour une porte, une fenêtre ou encore une quelconque ouverture. Une porte ou une arche qui donne sur la cuisine, une arche qui donne sur le salon ou la salle familiale, une fenêtre pour la vue sur l'extérieur ou encore une porte-patio qui s'ouvre sur un jardin ou une cour sont autant d'éléments communs (et que nous cherchons tous à retrouver dans une salle à manger). Cela dit, si ce type de pièce correspond à certaines normes architecturales, cela a une incidence sur les repas puisque ces ouvertures sont autant de sources de distraction à l'appréciation des mets et à la convivialité du repas, avec pour résultat que, le plus souvent, les gens mangent rapidement, ont des conversations fébriles et décousues et s'empressent d'aller prendre le café (et parfois même le dessert) dans une autre pièce ou à l'extérieur, lorsque le temps le permet.

Ces salles à manger, même si ce sont celles que l'on recherche habituellement, ne sont pas nécessairement celles qui répondent le mieux aux critères du feng shui; elles offrent trop de distractions, lesquelles éclipsent le rituel de prendre un repas ensemble, de converser tranquillement, bref, de communier, tant sur le plan de la nourriture que sur celui de l'esprit. D'ailleurs, remarquez que, dans bien des cas, cette salle à manger ne sera pas vraiment utilisée quotidiennement par la famille pour s'asseoir et prendre un repas ensemble, mais servira plutôt à toutes sortes d'autres choses.

La chambre principale: refuge ou divertissement?

La tendance actuelle veut que la chambre à coucher principale, celle que l'on qualifie de «chambre des maîtres», prenne de plus en plus de place sur le plan de la dimension. Mais on peut dire que trop, c'est comme pas assez: on retrouve aujourd'hui, dans nombre de chambres à coucher, une télé, un magnétoscope, parfois un foyer, un jacuzzi, une salle de bain contiguë, des placards assez vastes pour y entrer, et parfois même un balcon-terrasse. Bref, la liste est presque sans fin. On peut comprendre qu'il soit difficile d'y trouver le repos; ce n'est plus une chambre à coucher, c'est un centre de divertissement!

Les conséquences de ce genre de chambre à coucher sont, sur le strict plan statistique, évocatrices: le taux de divorce est beaucoup plus élevé lorsque le couple possède ce type de chambre. Non seulement le repos ou le sommeil y est plus difficile à trouver, mais la situation est pire encore en ce qui concerne l'intimité, car l'attention des individus est constamment sollicitée de toutes parts, par toutes sortes d'activités qui empiètent sur les conversations tranquilles sur l'oreiller et l'échange affectif.

Les longs couloirs

Les lignes droites, comme nous l'avons déjà précisé, accélèrent le flot du *chi*, qu'il s'agisse d'un vestibule, d'un couloir, d'un corridor ou encore d'une entrée en ligne droite dans un espace ouvert. La rapidité avec laquelle circule l'énergie vitale dans votre maison correspond à celle de votre rythme de vie – si vous avez ce genre de pièce chez vous, il ne faut donc pas vous étonner d'avoir un rythme de vie trépidant, voire stressant. Vous devez apprendre à couper les lignes droites, à créer des espaces sinueux qui reproduisent le flot naturel d'un cours d'eau afin de rétablir l'équilibre naturel de l'énergie et faire baisser le stress inhérent à un rythme de vie fébrile.

L'extérieur de la maison n'échappe pas à ce principe. Les longueurs ininterrompues de fils électriques ou téléphoniques, les poteaux et même les angles des bâtisses avoisinantes peuvent accélérer le flot du *chi* et le transformer en *sha* – son pendant négatif –, contribuant ainsi à perturber l'énergie de votre demeure et à accéléler encore plus votre rythme de vie, déjà trépidant nous direz-vous. C'est un problème important sur lequel vous devrez vous pencher sérieusement.

L'achat d'une maison

Acheter une maison, ce n'est pas un investissement financier, c'est surtout l'établissement de son style de vie. Bien que la maison soit notre refuge, il faut comprendre qu'elle doit faire partie d'une communauté, d'un ensemble. Malheureusement, les demeures des sociétés occidentales ont plutôt tendance à être construites indépendamment les unes des autres, sans égard (ou très peu) au contexte avoisinant, à l'harmonie globale. En outre, très souvent, nos maisons ne sont pas construites pour favoriser la cohésion familiale ou communautaire; au contraire, elles tendent même à nous isoler les uns des autres et à faire éclater l'esprit de communauté qui était présent voilà quelques générations. Mais cela n'est pas sans relation avec notre système de valeurs qui a subi d'importantes et radicales transformations au cours des dernières décennies.

Prenons pour seul exemple le rôle de la femme au foyer; aujourd'hui, cette (pré)occupation est très souvent considérée comme étant socialement inférieure à un emploi sur le marché du travail; en cédant à la tendance et à ces nouvelles valeurs, ou à ces nouvelles exigences, cela a pour résultat qu'il n'existe plus vraiment quelqu'un (ce quelqu'un peut être un homme tout autant qu'une femme) dont le rôle est essentiellement de créer un foyer agréable pour les membres de la famille. Nous ne nous attarderons pas sur la justesse ou l'erreur de tels choix, là n'est pas notre propos, mais ce sont néanmoins des réalités avec lesquelles il nous faut aujourd'hui composer.

LES TYPES DE TRAITEMENTS LES PLUS COURANTS

Nous avons déjà souligné qu'il était possible de corriger un mauvais feng shui et de le transformer pour qu'il agisse de façon positive. Mais comment peut-on y parvenir?

PLUSIEURS DIMENSIONS

On peut administrer bien des traitements et des *cures*, avec des résultats bien différents aussi. De façon plus pratique, et facilement compréhensible, disons que les traitements de feng shui se répercutent à différents niveaux.

Première dimension

La première dimension du traitement feng shui est qu'au moment où l'on effectue un changement, le champ énergétique du *chi* s'en trouve modifié. Si, d'un strict point de vue scientifique, un résultat ne peut être validé que par la reproductibilité – c'est-à-dire que la même action doit obligatoirement, et chaque fois, produire le même résultat –, il en va autrement avec le feng shui. Les résultats ne peuvent et ne seront jamais les mêmes, car, chaque fois, pour chaque traitement, nous avons affaire à une *structure* différente. Non seulement cherchons-nous à agir sur des événements, mais nous cherchons également à agir sur et par des êtres humains – c'est dire combien les données peuvent varier d'une fois à l'autre!

Du feng shui, nous retiendrons surtout que, lorsqu'une action est posée, si infime soit-elle, un résultat s'ensuit, même s'il se situe parfois sur le plan de l'imperceptible. En clair, cela signifie que n'importe quel traitement feng shui transformera l'habitat – édifice, maison ou pièce; la question est simplement de savoir si ce changement est acceptable ou suffisant pour répondre aux attentes ou aux besoins des habitants.

Deuxième dimension

Une autre dimension du traitement feng shui est que la mesure de son succès reste très subjective, se situant quelque part entre les capacités de perception et les limites de l'action. Par exemple, une personne peut croire qu'en changeant la position de son fauteuil dans son espace de travail, elle suscitera une augmentation substantielle de sa capacité de travail; en revanche, cette même personne peut être incapable de percevoir l'importance de masquer ou de couvrir une fenêtre afin que cesse la fuite du *chi*, de l'énergie vitale. Par conséquent, même si le changement de position du fauteuil entraîne effectivement une petite amélioration de ses performances, la personne ne sera pas satisfaite, car elle considérera que cette performance n'est pas à la hauteur de ses attentes. Nous avons retenu cet exemple, mais nous pourrions faire de même en ce qui touche les sentiments affectifs, ou les relations familiales ou sociales. Dans de telles conditions, en espérant un résultat miraculeux, il est bien évidemment difficile, voire impossible, de juger de l'efficacité des traitements feng shui.

Troisième dimension

Le troisième aspect touchant les traitements feng shui est d'apprendre à les manipuler, à les changer et à les interchanger. Par exemple, en règle générale, il existe plus d'une *cure* pour corriger un problème ou pour améliorer une situation. La première est peut-être trop inabordable, sur les plans du temps ou de l'argent; une deuxième peut paraître saugrenue; mais une troisième peut s'avérer correcte pour une raison ou pour une autre – nous avons chacun nos croyances et nos exigences.

L'éventail des traitements est illimité. Il en existe de toutes sortes et il nous faut apprendre à choisir celui qui répond le mieux à notre personnalité ou à nos besoins. Pour cela, il faut d'abord comprendre les dysfonctions sous l'angle du feng shui, puis être en mesure d'évoquer ou de voir les différentes possibilités qui s'offrent pour corriger le problème. À chacune de ces étapes, il nous faut donc être motivé pour amorcer le processus qui entraînera le changement souhaité et ne pas hésiter, pour cela, à user de notre créativité afin de rétablir le flot d'énergie.

LE TEMPS D'ACTION

Si, dès qu'un traitement feng shui est entamé, le flot d'énergie s'en trouve modifié, il faut néanmoins un certain laps de temps avant que cette énergie influence véritablement notre environnement. Selon les praticiens du feng shui, il faut compter de trois à sept jours pour ressentir les effets bénéfiques d'une énergie qui circule plus librement, quoique ce ne soit encore, alors, que des signes subtils qui annoncent les véritables changements à venir.

Toujours selon les praticiens du feng shui, c'est habituellement dans un délai approximatif d'un mois que les changements commencent véritablement à se manifester, et que des perspectives nouvelles (et parfois étonnantes) apparaissent. Après une période d'environ trois mois – le temps d'une saison –, le traitement est tout à fait efficace et les attentes des premiers jours devraient être comblées.

Cela dit, il est possible qu'après ce laps de temps vous ne soyez pas entièrement satisfait des résultats obtenus, que vous ressentiez que les changements ne sont pas aussi significatifs ou radicaux que vous le souhaitiez, ou qu'ils ne vont pas aussi loin que vous le désiriez. C'est le temps d'examiner les autres possibilités qui s'offraient à vous au début. Peut-être, à ce moment-ci, que le changement qui vous semblait trop coûteux auparavant vous paraît maintenant raisonnable; il se peut aussi que la solution qui s'avérait un peu saugrenue paraisse aujourd'hui plus banale – ou tout au moins que vous soyez prêt à tenter le coup. Il vous faut toutefois garder à l'esprit que les résultats de tout traitement feng shui sont tributaires de trois facteurs: l'intention, l'intensité et la durée.

Lorsque nous parlons d'intention, nous voulons dire le niveau de conscience de la personne qui veut changer son intérieur; l'intensité se rapporte à la puissance d'action du traitement nécessaire à la solution du problème (certains problèmes se résolvent rapidement, alors que d'autres nécessitent plusieurs transformations dans la pièce ou la maison, et exigent plus de temps pour agir), mais aussi à la collaboration des membres de la famille. Enfin, la durée se rapporte au temps alloué au processus de transformation.

LA PRISE DE CONSCIENCE

Comme tout autre domaine où il faut poser un diagnostic, que ce soit en acupuncture ou en réparation automobile, l'éventail des traitements qui s'offrent dépend essentiellement de la justesse de l'évaluation; plus l'examen est précis et l'analyse, minutieuse, plus le véritable problème – ou l'essence du problème – est cerné facilement. Mais ce n'est pas tout. Pour ce qui est du feng shui, il faut également éveiller la conscience de la ou des personnes qui occupent le lieu en question. Il peut arriver qu'un praticien ou même un expert en feng shui puisse trouver très rapidement le problème et son influence sur la vie personnelle et professionnelle des habitants de la maison, mais qu'il ne parvienne pas à informer correctement ses habitants, ou encore qu'il ne réussisse pas à les faire participer à la solution. Dans de telles conditions, les traitements ne seront pas aussi efficaces qu'ils pourraient l'être et la transformation ne sera pas aussi harmonieuse.

En revanche, un autre praticien, de moindre talent, pourrait suggérer un traitement moins subtil ou qui, même, pourrait sembler moins efficace, mais en réussissant à bien le faire comprendre à ceux qu'il concerne et en les faisant participer; et ses résultats pourraient être meilleurs et plus efficaces que ceux de l'expert.

La clé est la conscience des personnes chez lesquelles le feng shui est pratiqué, les personnes qui vivent quotidiennement dans cet environnement. Leur participation est la véritable clé du succès, car leur énergie personnelle nourrit le flot du changement. Évidemment, si vous appliquez vous-même le traitement, ce problème ne se pose pas, car, en cherchant à agir, vous avez déjà mis en éveil cette conscience.

DÉMÉNAGER!

Le changement le plus radical que vous puissiez effectuer est de déménager, de quitter votre environnement actuel et de vous installer dans une nouvelle atmosphère, là où le feng shui est meilleur. Bien entendu, c'est la solution de dernier recours, mais trois raisons principales peuvent conduire à ce changement radical:

- L'endroit où vous vivez actuellement est tellement limité en ce qui concerne le flot d'énergie que les traitements proposés ne pourraient effectuer que des changements minimes, tout en étant fort onéreux;

- Vous devez changer complètement de perspective parce que vous êtes devenu apathique, ou amorphe, dans votre environnement actuel et que vous constatez hors de tout doute que votre environnement a agi négativement sur le plan de votre créativité et de votre enthousiasme;

- Des changements radicaux sont survenus dans votre voisinage – changements sur lesquels vous n'avez aucun contrôle, sur lesquels vous ne pouvez agir – et vous constatez que ceux-ci perturbent négativement votre environnement.

Bien entendu, avant d'en arriver à cette solution, vous aurez fait le tour de la question et analysé en profondeur le problème.

LES ESPACES PAYSAGERS

Dans la perspective feng shui, bien des problèmes commencent avant l'entrée proprement dite, c'est-à-dire avec l'allée menant à la maison et, éventuellement, son parterre.

Cet espace devant votre maison, c'est votre ouverture sur le monde extérieur; aussi devez-vous y consacrer l'attention nécessaire. Ne pas le faire, d'ailleurs, c'est en quelque sorte ouvrir votre porte à toutes les énergies, sans distinction – avec pour résultat que les énergies négatives seront probablement les plus nombreuses.

Le traitement le plus commun pour ce lieu est de se servir d'arbres, de buissons et de fleurs pour créer un sentier permettant la circulation des énergies positives. Les arbres et les buissons peuvent servir à bloquer le flot d'énergies négatives qui peuvent irradier votre maison, des énergies qui proviennent essentiellement des lignes de téléphone ou d'électricité, des angles des autres immeubles, d'une intersection, voire d'une route rectiligne. Il est entendu que vous ne pouvez changer ces données, mais rien ne vous empêche cependant de contrecarrer leur influence en plaçant un arbre, par exemple, qui fera dévier l'énergie négative avant de la disperser.

Vous devez voir l'entrée avant de votre résidence et son parterre comme étant un champ d'expérimentation qui vous permet de faire entrer ce que vous désirez vraiment, pas seulement dans votre maison, mais aussi dans votre vie.

RÉNOVER: NÉCESSAIRE OU UTILE?

Cette question revient souvent lorsqu'on aborde la pratique du feng shui: Est-il utile ou nécessaire de rénover? C'est effectivement une question qu'il faut se poser sérieusement avant d'entamer ce processus. On parle ici strictement de rénovations faites dans le but de corriger ou de créer un bon feng shui, et non pas par besoin ou par goût. Il peut effectivement arriver que des rénovations s'imposent pour rétablir le feng shui d'un habitat, mais cela implique beaucoup de travail et de patience.

Dans un premier temps, vous devez vous assurer que les rénovations que vous avez en tête sont nécessaires ou seront utiles au feng shui que vous désirez obtenir, car il arrive parfois que l'ajout d'une pièce ou d'une terrasse peut causer plus de tort que de bien à une structure existante, compromettre l'harmonie de ses lignes, créer des blocages sur le plan de l'énergie. En ce sens, rénover une structure est un processus complexe qui exige les services de différents professionnels, d'un architecte bien entendu, mais aussi d'un entrepreneur en construction, d'un plombier, d'un électricien, de menuisiers, etc. Plusieurs d'entre eux, même si ce n'est pas de leur ressort, tenteront souvent d'influencer vos choix; leurs conseils seront parfois judicieux, mais, plus souvent qu'autrement, ils auront pour but de leur rendre la tâche plus aisée. Cela dit, quels que soient les changements suggérés, retenez que ceux-ci ne seront peut-être pas nécessairement en accord avec les buts que vous visez, que les idées proposées et les vôtres ne seront probablement pas les mêmes.

En outre, vous devez aussi retenir, avant d'entreprendre ces rénovations, que tout le temps que celles-ci dureront, le courant d'énergie du *chi* sera perturbé et que ces perturbations pourront avoir un effet négatif sur votre vie personnelle ou professionnelle. Cette situation ne sera toutefois que passagère, elle ne durera que le temps des travaux.

L'AMÉNAGEMENT ET LA DÉCORATION

Le moyen à la fois le plus simple et le moins cher de créer un bon feng shui dans votre intérieur est de redisposer vos meubles et vos accessoires de façon que ce nouveau décor engendre un flot harmonieux d'énergie. Dans bien des cas, vous allez vous rendre compte que l'énergie des symboles (chaque meuble et chaque objet peut et doit être considéré comme un symbole, une représentation de quelque chose qui, dans certains cas, vous est propre) qui se trouvent dans votre habitat est éteinte et que, en conséquence, ces symboles ont cessé d'agir sur vous.

Dans certains cas, il est possible de réactiver cette énergie. Il ne s'agit alors que d'une question d'emplacement; si vous les placez dans un endroit différent, ou plus approprié, ces symboles pourraient de nouveau être efficaces. Dans d'autres cas, et c'est ce qui se produit habituellement, vous allez vous apercevoir que ces symboles ne sont plus appropriés. Attention! Pas question de céder à la panique et de faire table rase de tout ce que vous possédez! Vous pouvez continuer à vous en servir, tout en ajoutant de nouveaux symboles qui correspondent à ce que vous désirez actuellement.

Pour bloquer le flot d'énergie négative ou pour diriger une énergie positive, vous pouvez vous servir d'écran. Concrètement, ce peut être un paravent, des étagères, voire des plantes. Si vos meubles ne correspondent plus à ce que vous êtes et à ce que vous aspirez, changez-les lentement plutôt que de tout chambouler d'un seul coup, sans préparation.

N'oubliez pas que vous devez expérimenter encore et encore avant de trouver la bonne combinaison ou le bon agencement de meubles et d'accessoires. Prenez votre temps et, surtout, prenez plaisir à le faire.

L'ART ET LE RITUEL

Nous savons tous que le subconscient communique à l'aide de symboles; c'est d'ailleurs la raison pour laquelle les rituels s'adressent directement à lui. En vous servant de rituels, qui n'ont pas besoin d'être compliqués ou très élaborés, vous pouvez vous concentrer de façon à effectuer plus facilement et plus rapidement les changements qui s'imposent pour réaliser vos rêves et atteindre vos objectifs. En faisant de petits rituels, vous libérez l'énergie qui vous permettra d'opérer les changements désirés.

Ces rituels vous permettront également d'avoir une meilleure perspective, de voir plus clairement vos objectifs.

Étrangement – nous disons étrangement parce que c'est une chose à laquelle nous ne penserions pas –, le rituel le plus important consiste à faire le ménage, à nettoyer la maison! Si vous changez la perspective de cet acte, aussi quotidien que banal, vous transformez cette corvée en rituel de purification, au cours duquel vous vous débarrassez de l'énergie négative et vous la remplacez par de l'énergie positive. Au lieu de maugréer lorsque vous époussetez ou passez l'aspirateur, concentrez-vous sur vos objectifs et considérez qu'en nettoyant la pièce, vous engendrez de l'énergie bénéfique qui vous aidera à réaliser vos buts. Vous pouvez aussi faire brûler de l'encens et des chandelles; maints ouvrages consacrés à ces sujets nous guideront dans l'élaboration de rituels bénéfiques pour vous et pour toute la maison.

VOTRE MAISON, PRINCIPES GÉNÉRAUX

Dans un habitat normalement constitué, des espaces sont réservés à des fonctions bien spécifiques, mais tous devront être suffisamment confortables et spacieux pour ces fonctions qui leur sont justement attribuées. Contrairement aux espaces dits «de nuit» qui, eux, requièrent en priorité le silence et l'obscurité, les espaces de jour appellent l'éclairage, la convivialité, le confort, l'interaction, l'orientation, l'observation et l'accès pratique. Le choix ou l'aménagement du lieu devra donc tenir compte de ces impératifs en leur donnant un ordre de priorité, ou en leur apportant les correctifs nécessaires si l'habitat existe déjà. La sensation de bien-être et la satisfaction de fonctionner dans un cadre adéquat est à ce prix. Tout compromis entachera, toutes proportions gardées, l'accomplissement du rêve poursuivi ainsi que l'atteinte de l'équilibre et de l'harmonie.

Cela dit, quel rapport existe-t-il entre les espaces et la vie? En réalité, la question devrait être posée autrement, de cette façon: Quel rapport y a-t-il entre la qualité de notre vie et les espaces qui y contribuent (ou qui devraient y contribuer)?

Pour commencer, disons que le feng shui est très conscient de l'importance des espaces sur la qualité de vie. L'intégration des volumes, l'harmonie des proportions, des dimensions et des couleurs jouent un rôle capital dans le fait qu'on se sente bien ou mal à l'aise dans un lieu. Vous est-il arrivé, comme nous, de vous sentir démesurément petit près d'un de ces gratte-ciel du centre-ville? Et de sentir à quel point la perspective agréable d'une avenue bordée d'arbres peut vous réconcilier avec un urbanisme aberrant? Pourquoi les grands espaces donnent-ils parfois le vertige? Tout cela sous-tend qu'une juste proportion des masses s'impose pour notre propre équilibre.

De plus en plus de grandes métropoles limitent dans certains quartiers, et parfois même dans toute la ville, la hauteur des bâtiments, souvent pour des raisons de perspective, mais aussi pour des raisons d'ensoleillement, d'éblouissement, d'accélération des vents, d'effet de serre et de dôme de chaleur. Les atriums romains possédaient déjà les canons d'une fonction idéale, sans altérer l'harmonie du cadre bâti. Ils étaient parfois très vastes, parfois plus modestes, mais jamais sans leur qualité essentielle et commune: la proportion. D'ailleurs, les Romains pratiquaient l'art de la proportion et de l'équilibre des masses. Les vestiges témoignent d'ailleurs de cette capacité de concevoir grand et beau. Les temples, les cirques, les arènes étaient très bien conçus: ils remplissaient leur fonction sans être disproportionnés et leur voisinage n'était nullement incommodant.

Autre exemple de beauté d'espaces – et incontestablement de bon feng shui –, les jardins à la française de Le Nôtre: ils sont immenses et, pourtant, les châteaux s'en accommodent très bien. De même, les jardins suspendus de Sémiramis à Babylone, présentés comme l'une des sept merveilles du monde, n'ont jamais mis mal à l'aise. Ces exemples démontrent bien que la dimension n'est pas un obstacle lorsque la proportion est respectée par rapport à la distance d'observation.

ESPACES HEUREUX, ESPACES AGRESSANTS

Il est donc des espaces que l'on aime et qui ne cessent de nous ravir, et cela n'est pas une question de grandeur (dans tous les sens du terme), mais une question de beauté, de calme, d'harmonie et d'équilibre.

Malheureusement, il y a aussi des espaces qui nous agressent; parfois, on sait pourquoi, et parfois, on ne le sait pas: on le sent, c'est tout. Chaque être humain a cette aptitude à «sentir» ses espaces – et c'est bien ainsi. Le feng shui s'inscrit dans cette perspective, en ce sens qu'il ne nous dicte pas les dimensions des espaces, mais nous aide à évaluer nous-mêmes la qualité de ce qui nous est salutaire, ou bénéfique, pour obtenir l'équilibre et l'harmonie dans notre quotidien.

Il y a les espaces intérieurs, de jour et de nuit, que nous avons précédemment évoqués, mais il ne faut pas négliger, non plus, les espaces extérieurs, considérant que cet extérieur influence notre mode de vie. En d'autres mots, tous les espaces sont importants. Le feng shui couvre d'ailleurs tout l'environnement, où partout doivent régner la beauté, l'équilibre et l'harmonie, ces règles immuables, incontournables, sans lesquelles notre qualité de vie ne peut s'épanouir.

LE FENG SHUI CHEZ SOI

Il est évident que l'on ne peut arriver, du jour au lendemain, sans pratique, à établir un diagnostic précis de feng shui. D'une part, il faut un certain temps d'apprentissage et, d'autre part, il est nécessaire d'expérimenter. Il faut néanmoins commencer quelque part, non? C'est dans ce but – vous permettre d'appliquer le feng shui à votre environnement – que nous vous offrons, dans cette partie, ce que nous pourrions qualifier de «lignes directrices» du feng shui; celles-ci vous permettront d'apporter dès maintenant un certain nombre de corrections à votre environnement.

Pièce par pièce, de l'entrée à la salle de bain, de la salle de séjour ou du salon à la chambre à coucher, en passant par la salle à manger, la cuisine et même le bureau à domicile, nous vous guiderons vers une harmonisation feng shui de votre intérieur (voir le chapitre qui suit). En clair, cela signifie que vous y trouverez tout ce qu'il vous faut savoir, toutes les instructions, bref, le mode d'emploi pour créer un intérieur harmonieux sur les plans de l'aménagement intérieur et de la décoration, dans le but avoué d'équilibrer et d'accroître le flot d'énergie positive. Dans un même temps, nous vous présenterons les moyens les plus communs pour bloquer ou pour détourner l'énergie négative.

Ce qu'il faudra toutefois retenir, tout au long de cette section, c'est qu'en feng shui, on considère que les courbes sinueuses reflètent l'ordre naturel, tandis que les lignes droites sont plus souvent identifiées à quelque chose d'artificiel. Il ne faudra pas vous étonner de l'insistance que nous accorderons à l'importance des courbes, des sinuosités, tant à l'intérieur qu'à l'extérieur de l'habitat, car celles-ci ralentissent la vitesse à laquelle circule le *chi* et vous permettent d'en bénéficier au maximum, contrairement aux lignes droites qui, elles, propulsent l'énergie vitale à une telle vitesse qu'il vous est impossible d'en profiter (de là, d'ailleurs, cette image de *flèche empoisonnée* accolée aux intersections, aux angles droits des immeubles et à tous les angles aigus dirigés vers votre demeure, aux lignes téléphoniques ou électriques, etc.); elles dirigent même les énergies négatives vers vous. Il faut se rappeler que la ligne droite indique un passage, un endroit où rien ne s'arrête et où personne ne vit, ce qui n'est pas le cas de votre maison, qui est un habitat.

LA FORME DE VOTRE MAISON

La forme de votre appartement ou de votre maison a un effet sur le feng shui de votre demeure. Traditionnellement, on considère que les maisons ou les appartements de forme carrée ou rectangulaire sont les plus favorables parce que ce sont des formes contenues, qui délimitent avec précision la demeure et qui permettent une bonne circulation de l'énergie. Bien entendu, ce n'est pas le cas avec les maisons ou les appartements de forme irrégulière – que les praticiens de feng shui déconseillent – parce que l'énergie, qui s'y trouve en quelque sorte emprisonnée, peut influencer de façon négative les personnes qui occupent les espaces irréguliers ou asymétriques; celles-ci se retrouvent virtuellement coupées du reste de la maison et de l'interaction qui se passe entre les autres habitants de la demeure. Les problèmes causés par ce manque ou cette insuffisance de cohésion peuvent aller, soutiennent certains, jusqu'à causer des problèmes de concentration, voire de santé.

Une maison en forme de L est particulièrement défavorable; cette forme asymétrique, suggérant un rectangle incomplet, engendre un déséquilibre certain. La forme en L suggère aussi l'image d'un couperet: le mur le plus long devient le manche, alors que la partie plus petite rappelle la lame, une image plutôt brutale qui peut avoir des effets négatifs pour les pièces situées dans la partie «lame» de l'appartement ou de la maison. Le premier conseil que nous pourrions vous donner est d'essayer, le mieux possible, de corriger sinon le lieu, tout au moins l'impression qui s'en dégage. Vous pouvez le faire assez simplement en plantant un arbre, en plaçant un banc ou n'importe quel autre accessoire à l'extérieur de la maison, dans l'angle où se joignent les deux parties – cela permettra en quelque sorte de compléter la forme de façon artificielle. (Vous pouvez d'ailleurs utiliser cette méthode pour «compléter» toute forme irrégulière et la ramener, du moins symboliquement, vers une forme plus harmonieuse.)

Cela dit, s'il faut composer avec un habitat de cette forme, certains correctifs peuvent être apportés et certaines précautions prises. Par exemple, on évitera de placer une des chambres à coucher dans la partie la plus courte. La personne qui y dormirait, qui serait soumise aux influences que la forme dégage, pourrait rapidement se heurter à un certain nombre de problèmes physiques tout autant que psychologiques. Dans la mesure du possible toujours, outre un lit, on cherchera à éviter de placer un four ou une table de travail dans cette partie de la résidence; si vous ne pouvez faire autrement, placez un miroir directement au-dessus de la pièce de mobilier afin d'atténuer l'impression de «tranchant de la lame» et symboliquement de replacer le meuble dans la sécurité du reste de la maison.

Habituellement, les buts du praticien de feng shui et de l'architecte sont les mêmes – ce ne sont que les moyens qui diffèrent –, car l'un comme l'autre veulent assurer que votre maison ou votre appartement et ses différentes pièces répondent à un design fonctionnel et remplissent les fonctions pour lesquelles elles ont été créées. Le praticien de feng shui parlera de *chi*; l'architecte, d'espaces de vie.

VOTRE MAISON, PIÈCE PAR PIÈCE

Voici votre maison décortiquée, pièce par pièce, selon les notions du feng shui.

LA PORTE D'ENTRÉE

La porte d'entrée de votre demeure n'est pas seulement la voie d'accès pour pénétrer chez vous; c'est aussi l'ouverture sur votre vie personnelle – une ouverture qui permet aux autres d'avoir une première impression de vous et de l'endroit où vous habitez. La porte ainsi que le chemin qui y conduit sont des éléments importants dans le feng shui. Ils influencent votre demeure entière, car c'est la voie d'accès du *chi*, l'énergie positive, tout autant que du *sha*, l'énergie négative.

Idéalement, le chemin – trottoir, allée ou accotement – menant à votre porte devrait être sinueux, formant ainsi une voie invitante. En revanche, au mieux, cette ligne droite ne conduira pas le *chi* de façon optimale vers votre maison (cette ligne accélérera la vitesse de l'énergie qui traversera alors tout simplement votre demeure sans s'y arrêter), et, au pire, elle pourra être la source de ce que nous avons précédemment qualifié de flèches empoisonnées, dirigées sur votre intérieur.

Cela dit, il n'est pas nécessaire que vous construisiez un nouveau chemin de la rue à votre porte. Rappelez-vous que l'art du feng shui est clairement pratique et qu'il s'agit, dans la majorité des cas, non pas de tout reprendre à zéro, mais plus simplement de corriger les erreurs de la façon la plus facile qui soit sans trop de frais. Dans le cas qui nous intéresse, vous pouvez imbriquer quelques pierres ou quelques briques dans le sol, question de modifier le chemin que vous prenez; vous pouvez aussi planter des fleurs ou des plantes le long du chemin afin de créer une illusion de courbe; les plantes vivaces vous permettront de transformer votre trottoir ou votre allée pour de nombreuses années, car elles deviendront plus grosses avec le temps.

Pour ce qui est de la porte d'entrée elle-même, elle doit être proportionnelle au reste de la maison. Une porte trop grande laisse s'échapper trop de *chi*, alors qu'une porte trop petite ou trop étroite empêche le *chi* d'entrer en quantité suffisante pour satisfaire vos besoins.

Les anciennes pratiques de feng shui préconisaient que toutes les portes d'entrée devaient faire face au sud afin de capturer la chaleur du soleil et d'attirer la longévité, la bonne fortune et la renommée, qui sont autant de propriétés rattachées à ce point cardinal. Par contre, il faut se rendre à l'évidence: il n'est pas toujours possible (ou pratique) de se soumettre à cette règle ancestrale – *toutes* les portes d'entrée ne peuvent faire face au sud. Heureusement, il existe d'autres façons d'attirer le *chi* positif à votre porte.

Par exemple, vous pourriez peindre votre porte d'entrée d'une couleur lumineuse – ce type de couleur agit à la façon d'un aimant sur l'énergie. Vous devrez aussi veiller à ce que votre porte d'entrée reste attrayante, accueillante; une porte brisée ou mal entretenue, de la peinture qui s'écaille sont autant de signes d'un mauvais feng shui. Vous devrez aussi voir à ce que le porche ou la galerie qui mène à votre porte soit bien entretenu, sans traîneries ni déchets.

N'oubliez pas, n'importe quel signe de détérioration, de délabrement, de mauvais entretien empêche le *chi* d'entrer et invite le *sha*, l'énergie négative. De plus, un bon éclairage encourage le *chi* positif à circuler; par conséquent, remplacez les ampoules brûlées le plus rapidement possible. Il n'est pas mauvais, non plus, toujours dans le but d'attirer le plus possible le *chi*, de toujours laisser une lumière allumée à l'extérieur de l'entrée, le soir et la nuit, que vous soyez à la maison ou non.

D'autres facteurs sont aussi importants, particulièrement lorsque vous achetez une nouvelle maison. Par exemple, vous devriez vous assurer que votre porte d'entrée ne donne pas sur une église, un temple ou qu'elle n'est pas directement placée en face d'un cimetière parce que l'énergie qui se dégage de ces lieux est une énergie yin, c'est-à-dire une énergie passive et associée à la mort. Une trop forte énergie de cette nature peut engendrer un sentiment de solitude et, ultimement, conduire à la dépression. Si vous êtes déjà dans une telle situation, vous pouvez équilibrer ce courant par un autre d'énergie yang, plus dynamique (voyez les références au yin et au yang que nous avons présentées aux pages 28 à 30).

Traditionnellement, il n'est pas chanceux, non plus, de faire face à un passage entre deux immeubles, car cet espace devient en quelque sorte une flèche empoisonnée à l'envers, ce qui veut dire qu'au lieu de diriger l'énergie (négative) vers vous, elle crée un vacuum qui tire l'énergie positive de votre demeure vers cet espace étroit. Pour contrecarrer les effets de ce genre d'espace, vous pouvez planter un gros buisson devant ou près de votre porte afin de bloquer le courant.

Dans le même ordre d'idées, il n'est pas bon, sur le plan du feng shui toujours, que votre porte d'entrée donne sur une intersection ou sur un cul-de-sac. Il existe des raisons pratiques à cela; d'une part, l'éclairage des phares des voitures – l'éclat des lumières dans vos fenêtres – risque de perturber l'atmosphère intérieure; d'autre part, les risques d'accidents d'automobiles sont plus grands aux intersections. À cela, il faut ajouter qu'en feng shui, les lignes droites accélèrent le flot d'énergie; si vous êtes situé à une intersection, deux courants de *chi* sont propulsés vers votre porte. Il est alors indispensable (pour ne pas dire urgent!) de planter des buissons ou des arbustes, ou même de construire un muret pour briser le flot d'énergie et le ralentir à une vitesse qui vous assure un flot harmonieux. Les praticiens du feng shui disent aussi qu'installer une girouette sur le toit harmonise le flot d'énergie et disperse le *sha*.

Les marches qui mènent à votre porte ne devraient être ni trop étroites ni trop raides; si votre escalier est trop étroit, placez un miroir au-dessus de la porte afin de créer l'illusion d'un escalier plus large. Il est également préférable que votre porte ne soit pas située directement devant les marches, particulièrement si votre entrée est sous le niveau de la rue, c'est-à-dire dans un demi-sous-sol. Dans un tel cas, le *chi* pourrait être emprisonné dans cet endroit, sans pouvoir retourner vers l'extérieur, ce qui peut être à l'origine de difficultés sur le plan professionnel. En feng shui, il est nécessaire, essentiel même, qu'il y ait un échange entre l'intérieur et l'extérieur. Dans le cas ci-dessus, on pourra corriger la situation en plaçant un éclairage d'appoint, dirigé vers le toit de la bâtisse pour faire circuler le *chi* vers le haut et ainsi permettre l'échange.

Une pente descendante à l'arrière de votre maison n'est pas souhaitable, car cela permet à l'énergie positive de s'échapper trop rapidement et, avec elle, la bonne fortune, la chance et la prospérité. Pour corriger cette situation, reprenez l'idée de la girouette évoquée précédemment, ou celle de la lumière-projecteur.

En règle générale, tout élément qui bloque votre porte d'entrée, que ce soit un gros arbre placé directement devant votre porte, un muret ou un mur qui bloque l'entrée, ou quelque autre élément du genre, naturel ou artificiel, est défavorable, car cela obstrue la voie d'accès de l'énergie *chi*. Vous n'avez pas à couper l'arbre ou à détruire le mur ou le muret; la meilleure façon de corriger ce problème est de suspendre un cristal ou un mobile chinois au-dessus de la porte d'entrée. Les facettes du cristal captureront le *chi* et le feront rayonner tout autour; dans le cas d'un mobile, le son cristallin que produisent ses facettes qui s'entrechoquent ainsi que son mouvement sinueux attireront le *chi* et le feront circuler vers votre demeure.

Vous pouvez aussi procurer une protection accrue à votre maison en lui adjoignant des gardiens comme les chiens chinois Fu ou des lions qui symbolisent également la protection.

LE VESTIBULE OU L'ENTRÉE

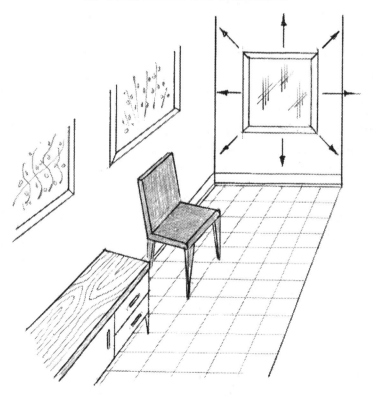

101

Lorsque vous entrez dans une demeure, il est bon que cet espace, quelle que soit sa grandeur, soit accueillant, bien éclairé, bref, qu'il soit invitant. Un vestibule ou un hall d'entrée sombre ou trop étroit, mal éclairé, ou encore délabré empêche la circulation du flot harmonieux de l'énergie, ce qui, en soi, est très défavorable. Il est également souhaitable que votre vestibule ne donne pas directement sur un autre mur, car cela aurait pour effet de bloquer le flot de *chi* – ce qui pourrait créer des obstructions non seulement dans l'habitat, mais aussi dans votre vie; vous pourriez vous retrouver constamment devant des obstacles ou des barrières, tant sur les plans professionnel que personnel.

Cela dit, vous pouvez corriger ces défauts assez facilement. Si votre vestibule est sombre, installez un éclairage doux et chaud. S'il donne sur un mur, placez une peinture ou une affiche sur celui-ci, idéalement un paysage naturel; cela aura pour effet d'atténuer l'obstruction du mur. Certains praticiens de feng shui suggèrent de placer un miroir dans l'entrée ou le vestibule, particulièrement si celui-ci donne sur un mur. Vous pouvez le faire si vous le désirez, mais cela risque de surprendre vos invités, qui se trouveront face à leur image lorsqu'ils entreront chez vous!

Rappelez-vous toujours, quoi que vous fassiez, que vous devez vous sentir à l'aise avec les changements que vous effectuez et que les décisions finales relèvent de vous – et de vous seulement. Après tout, c'est votre habitat et c'est vous qui y vivez.

LES ESCALIERS ET LES PORTES

L'escalier est très important dans le feng shui. C'est lui qui conduit l'énergie positive d'un niveau à l'autre. Il est préférable que l'escalier intérieur qui monte à l'étage, si escalier intérieur il y a, ne soit pas placé directement en face de la porte d'entrée parce que cela invite le *chi*, ainsi que la chance et la prospérité, à redescendre rapidement les marches pour ressortir de chez vous. Vous pouvez facilement remédier à ce problème en plaçant simplement un miroir au haut de l'escalier pour attirer le *chi* et éviter sa fuite; un cristal ou un mobile chinois auront le même effet.

Idéalement, tout escalier devrait posséder une douce courbe; comme ce n'est pas toujours le cas, vous pouvez, s'il est assez large, remédier à cette situation en plaçant une plante sur une des marches au milieu de l'escalier afin de briser la ligne droite. Si votre escalier est trop étroit, vous pouvez accrocher quelques plantes au plafond et les laisser suspendre à des hauteurs différentes, afin de créer l'illusion d'un jardin suspendu. De plus, retenez-le, les plantes sont d'excellents points d'attirance pour le *chi*, mais assurez-vous de les maintenir en santé.

Si la porte arrière est visible de la porte d'entrée, non seulement cela est-il considéré comme malchanceux, mais le *chi* entrera par une porte pour aussitôt ressortir par l'autre. En outre, les Chinois considèrent qu'il est tout à fait impoli de montrer la porte arrière à des invités qui arrivent, car, pour eux, c'est un peu comme si on leur indiquait dès lors la sortie. Si votre porte d'entrée est dans un alignement de plus de trois portes, cela constitue un très mauvais feng shui, particulièrement si deux des portes sont celles de l'entrée avant et de l'arrière de la maison. Pour pallier cette situation, plusieurs possibilités s'offrent à vous: vous pouvez placer des *écrans*, c'est-à-dire une grande plante, ou décorer la porte du milieu d'un rideau décoratif qui neutralisera le *sha*. Vous pouvez aussi suspendre un ou plusieurs cristaux qui contrebalanceront l'effet et disperseront le *sha* pour attirer l'énergie positive. Autre solution: placer deux flûtes de bambou au-dessus de la porte du milieu afin d'attirer l'énergie négative et de la disperser – la paire de flûtes permettra également de faire disparaître symboliquement la porte malchanceuse.

Par la suite, vous pouvez aussi suspendre un mobile ou un cristal du plafond juste à la partie supérieure de la porte d'entrée; les facettes du cristal et le son mélodieux du mobile captureront et redistribueront le *chi* pour que toute la demeure en profite.

Il y a quelques années, ce genre de problèmes était assez commun. Toutefois, depuis quelques années, dans certaines régions du pays, particulièrement dans l'ouest, en raison de l'immigration asiatique, nombreux sont les architectes, les dessinateurs et les entrepreneurs en construction qui tiennent compte de cette caractéristique et évitent de la reproduire dans un habitat, sachant qu'elle constitue un signe de très mauvais feng shui.

Il est indéniable que certains conseils pourront vous paraître saugrenus ou tout au moins singuliers, mais vous devez toujours garder à l'esprit que les principes du feng shui sont subtils et empruntent à différentes approches traditionnelles chinoises, à la philosophie, à la spiritualité, au mysticisme, aux arts divinatoires même.

LA SALLE DE SÉJOUR OU LE SALON

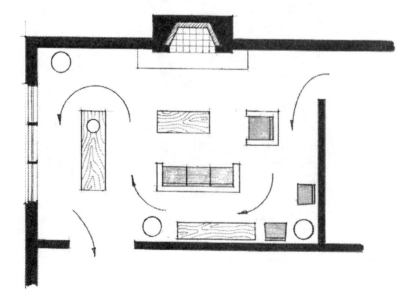

La salle de séjour – communément appelée le salon – est l'endroit où vous recevez vos visiteurs, où vous passez vos soirées en compagnie de votre famille. Son aménagement et sa décoration sont très importants, car ils auront un effet sur votre vie, tant personnelle que professionnelle. Comme c'est aussi la pièce la plus «publique» de votre résidence, elle donne l'image de qui vous êtes aux autres – en conséquence, on peut dire que c'est là que se dessinent votre succès et votre prospérité. Les visiteurs se feront une idée de qui vous êtes en entrant dans cette salle, car elle est censée refléter votre personnalité, tout autant que votre statut social et l'état de vos finances. Vous devez donc choisir avec encore plus d'attention le mobilier de cette pièce, et veiller à ce que l'aménagement, l'agencement et la décoration réfléchissent votre véritable nature.

Ceci dit, le feng shui agit aussi sur d'autres plans; vous devez créer le décor qui vous reflète, mais vous devez également ment créer une atmosphère confortable. Rappelez-vous ces salons que nos parents et nos grands-parents avaient et où tout était si guindé qu'on s'y sentait inévitablement mal à l'aise. Vos parents, vos amis et vos relations seront aussi sensibles aux signaux projetés par votre intérieur qu'à l'atmosphère qui y régnera.

Si la salle de séjour n'est pas confortable, si elle n'est pas chaude et accueillante, les membres de la famille, plus que vos amis, n'apprécieront s'y trouver et tous chercheront une façon de passer dans une autre pièce – dans les pires cas, ce mauvais feng shui influencera les relations entre les membres de la famille ou avec les amis de façon négative.

Ici encore, une forme irrégulière n'est pas recommandée; par contre, si vous avez un salon en forme de L, vous pouvez créer l'illusion de deux pièces en séparant les deux parties par des plantes ou un canapé. Vous pourrez ainsi organiser deux lieux contigus et annuler l'effet néfaste de la «lame» que nous évoquions plus tôt.

D'autre part, la salle de séjour devrait être au même niveau que la porte d'entrée, jamais en dessous. Si cette pièce se trouve plus basse que votre porte d'entrée, vous pouvez corriger la situation en plaçant une lumière-projecteur dont l'arc lumineux sera dirigé vers le plafond. Cette source lumineuse élèvera le niveau d'énergie vitale et la poussera vers le haut, l'empêchant ainsi d'être captive de la pièce.

Les buts communs

Comme la salle de séjour est la pièce la plus publique de votre demeure, il serait bon qu'elle donne sur le sud qui, en feng shui, régit la bonne fortune et les festivités. Les autres orientations ne sont pas mauvaises, mais simplement moins favorables à la concrétisation de ces buts. Parce que la direction sud-est régit également tous les aspects de la prospérité et la richesse, la portion sud-est de votre salle de séjour est l'endroit le plus puissant et le plus significatif sur le plan de la prospérité familiale. Utilisé de bonne façon, ce flot d'énergie vitale peut avoir une influence très positive sur votre prospérité. Il nous faut toutefois souligner que la prospérité que nous évoquons n'est pas nécessairement reliée à l'argent. Elle peut faire référence à tout but commun des membres de la famille; il peut s'agir d'un projet pour lequel chacun unit ses efforts; il peut aussi s'agir d'accroître le nombre de ses amis, d'avoir du succès sur le plan social, de planifier un voyage ou de réussir à l'école pour l'un des membres de la famille. En fait, il peut s'agir de n'importe quoi, à la condition que ce projet – ce *dessein* – retienne l'intérêt de la cellule familiale. Quel que soit ce projet, donc, celui-ci sera influencé par «le coin de la prospérité».

Afin de faire travailler ce coin pour vous, vous devez connaître vos buts et ceux des membres de votre famille. Sont-ils les mêmes? En quoi diffèrent-ils? Quelles sont les priorités familiales? Autant de questions auxquelles vous aurez à trouver des réponses. Une fois que vous les connaî-trez, ou que vous aurez établi un projet commun, vous pouvez placer, dans ce coin sud-est, des symboles qui représentent ce but, ou vous font penser à lui. Chaque fois que vous ou l'un des membres de la famille verrez ce symbole, il sera automatiquement activé. Vous pouvez également vous servir des chiffres et des couleurs des autres directions pour attirer vers vous ce que vous désirez. Vœu pieux? Pensée magique? Le feng shui, nous l'avons dit, emprunte parfois à des processus auxquels nous ne sommes pas habitués de croire...

L'agencement des meubles

Il est évident que la disposition des meubles – canapé, fauteuils, tables, etc. – joue un rôle important en ce qui a trait à l'atmosphère que vous désirez créer dans cette pièce. Vous pouvez composer un intérieur qui soit chaud et accueillant, ou engendrer une atmosphère conflictuelle, et le pas entre l'un ou l'autre est mince. Si vous disposez, par exemple, des chaises qui se font face, mais sans placer une table au milieu, vos invités seront toujours sur le qui-vive, en position défensive; si vous ajoutez une table au milieu, entre eux, cela créera une tout autre dynamique, car cela leur permettra de partager une *surface* et les prédisposera à l'échange. Il est également conseillé que les hôtes s'assoient contre un mur sans fenêtre, et jamais dos à la porte. De cette façon, ils peuvent en quelque sorte s'appuyer sur les assises de leur demeure et sont toujours prêts à accueillir les nouveaux visiteurs pour leur offrir leur hospitalité.

Vous devez également toujours tenir compte du flot d'énergie lorsque vous disposez vos meubles; prenez garde, en groupant les fauteuils, de ne pas bloquer la circulation de l'énergie – ni celle des gens. Le but de l'aménagement est de ralentir ou de retarder le flot du *chi*, sans pour autant le bloquer, de façon que cette énergie ait le temps de circuler dans tous les coins de la pièce avant de quitter votre salle de séjour par une porte ou une fenêtre. Vous comprendrez qu'il est défavorable, dans cette dynamique, de bloquer la porte d'accès à la salle de séjour en y plaçant un canapé massif ou une table.

Évitez de placer des fauteuils ou des chaises sous des poutres; celles-ci peuvent devenir oppressantes pour les personnes assises directement en dessous. Vous pouvez toutefois faire disparaître symboliquement ces poutres en y plaçant deux flûtes de bambou.

Le foyer

Rien de mieux qu'un feu de foyer pour rendre une pièce accueillante. Par contre, la cheminée peut permettre à l'énergie positive de s'échapper très rapidement. Pour pallier cet inconvénient, vous pouvez suspendre un miroir au-dessus du manteau de la cheminée afin de refléter l'énergie vitale et la retourner dans la pièce.

Autre problème fréquent: un foyer dont on se sert souvent peut, à la longue, inonder la pièce d'un trop-plein d'énergie. Pour corriger cet inconvénient, vous n'avez qu'à placer deux plantes vertes de chaque côté de l'ouverture du foyer; les plantes absorberont le trop-plein d'énergie, et, d'un strict point de vue esthétique, vous obtiendrez du même coup un résultat agréable à l'œil. En effet, la terre, dans son cycle destructeur, stabilise le feu, mais, grâce à la distance dans ce cas-ci, elle ne l'étouffe pas. Prenez cependant soin de choisir des plantes ligneuses, et non pas de petits arbustes décoratifs d'intérieur, car le bois, lui, nourrit le feu et vous vous trouveriez avec un problème plus important sur les bras.

Évitez également de placer toutes les chaises et tous les fauteuils face à la cheminée. Il est préférable que les personnes soient face à face pour entretenir des conversations (sans oublier la table qui doit les séparer). D'autre part, il n'est pas recommandé, à la fois pour des raisons de confort et d'énergie, de placer fauteuils ou chaises trop près du feu; ce serait fort inconfortable pour les personnes qui y seraient assises. De plus, l'énergie dégagée par le feu pourrait susciter une certaine irritabilité.

L'éclairage

Une salle de séjour bien éclairée possède généralement un bon *chi*, à la condition que cet éclairage soit composé avec goût. Quelques règles simples sont à suivre:

- Évitez les éclairages trop forts provenant de plafonniers;

- Utilisez de préférence des lampes d'appoint, posées sur de petites tables placées à différents endroits dans la pièce; cela donne plus de chaleur à la pièce, tout en créant des îlots de lumière qui sont relaxants pour tous;

- Servez-vous de lampes sur pied de mille et une façons pour créer de l'ambiance, tout en projetant les jets de lumière vers le plafond, afin de chasser toute énergie négative. Il est particulièrement conseillé de tirer profit de ces lampes lorsque la salle de séjour se trouve à un niveau plus bas que la porte d'entrée, car cela a pour effet d'empêcher l'énergie de stagner.

La salle de séjour est une pièce assurément yang, où circulent les gens et l'énergie dynamique. On peut l'équilibrer en y ajoutant quelques touches yin, des accents de couleur foncée, ou encore des plantes, des coussins, etc.

LA SALLE À MANGER

Nous savons tous que les Chinois entretiennent une passion aussi grande que les Français pour la gastronomie; les uns comme les autres considèrent qu'un bon repas, pris dans une atmosphère de convivialité, nourrit tant l'esprit que le corps. Il n'est donc pas étonnant que les Chinois considèrent qu'il faut concevoir et décorer la salle à manger en gardant en tête le confort des convives. L'atmosphère doit en être une d'harmonie et de sérénité – les gens doivent se

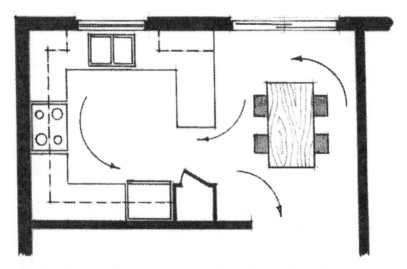

sentir bien et ne pas quitter la pièce dès la dernière bouchée prise.

Les points focaux de cette pièce et de son activité devraient être la nourriture et la conversation, l'échange entre les convives. Par conséquent, il n'est pas conseillé d'y placer trop de meubles et de gadgets, car cela pourrait donner l'impression aux convives qu'ils sont de trop. Idéalement, on ne devrait y retrouver qu'une table, des chaises et tout au plus une desserte. Les salles à manger de l'époque victorienne peuvent sembler très belles en photo, mais les convives arrivent difficilement à s'y sentir à l'aise; ils ont l'impression de jouer un rôle et non de participer à une activité conviviale. Il en est de même avec une vaisselle (trop) sophistiquée: rien de pire pour la digestion qu'une hôtesse qui s'inquiète de sa porcelaine et de la fragilité de son cristal!

Le feng shui et la culture asiatique privilégient une salle à manger qui n'est pas trop près de la porte d'entrée, car, un peu comme pour la porte extérieure arrière que l'on voit de la porte d'entrée, les Chinois croient que les invités vont manger rapidement et partir aussitôt. On peut voir ici la superstition se mêler aux principes du feng shui. Ceci dit, la position la plus favorable pour la salle à manger est à l'est de la cuisine, car cette direction gouverne la santé et la croissance; si l'orientation de cette pièce est différente chez vous, vous trouverez plus loin quelques suggestions pour remédier à ce défaut.

Il est préférable que cette pièce possède deux voies d'accès afin que le *chi* y circule harmonieusement; si votre salle à manger n'en possède qu'une, évitez autant que possible de placer la table et les chaises trop près de la porte ou de l'entrée de la pièce. Faites en sorte également que rien ne bloque cette voie d'accès.

Dans les maisons et les appartements modernes, il arrive souvent que la salle à manger et le salon soient logés dans un même espace; si tel est le cas, vous pouvez diviser la pièce en deux au moyen de plantes ou d'écrans, ce qui créera l'illusion de deux pièces et facilitera la circulation d'énergie. Cet arrangement est particulièrement bénéfique dans le cas d'une pièce en forme de L, car vous pourrez ainsi créer deux pièces de formes régulières, au lieu d'une irrégulière.

Évidemment, la table et les chaises constituent les meubles essentiels de cette pièce. Selon le feng shui, la forme idéale pour la table est le cercle ou l'octogone – la table ronde ne présentant ni angle ni coin, et l'octogone rappelant la forme du *ba-gua*, le symbole du *I Ching*. Puisque ces deux formes sont considérées comme «complètes», elles favorisent l'échange et l'harmonie. En outre, une table ronde a comme avantage de placer tous les convives sur un pied d'égalité, pas de préséance ou d'individu qui domine la table, suggérant qu'il domine également la conversation. L'énergie circule donc plus librement, sans être bloquée par des angles tranchants, et tous les convives en bénéficient tour à tour. Les tables de forme carrée ou rectangulaire ne sont pas défavorables à proprement dit; il suffit d'éviter de faire asseoir une personne directement vis-à-vis du coin de la table, car les convives placés ainsi pourraient ressentir une agitation, voire une certaine irritabilité, essentiellement à cause du *sha*, cette énergie négative qui circule près des coins.

Les chaises devraient offrir le plus grand confort et se trouver à une bonne hauteur afin de favoriser les conversations et les échanges autour de la table. En outre, les chaises devraient être toujours de nombre pair; ce sont les chiffres chanceux qui attirent la bonne fortune, les nombres impairs symbolisant la solitude pour les Chinois. Si vous vivez seul, ou si le nombre des membres de votre famille est impair, placez une chaise supplémentaire autour de la table afin de remédier à cet inconvénient. On peut certes considérer que cette dernière remarque relève plutôt de la superstition, mais si l'on considère le nombre d'histoires autour de certains nombres, comme le 13, il vaut mieux y penser à deux fois avant de défier le destin. Après tout, vous êtes en quête d'harmonie et les croyances populaires peuvent causer un malaise chez certaines personnes, alors – que vous y croyiez ou non – pourquoi ne pas faire régner l'harmonie en ajoutant cette chaise?

On notera également que, selon le feng shui, les membres de la famille devraient s'installer le dos au mur lorsqu'ils reçoivent des invités, ce qui suggère inconsciemment leur sens de l'hospitalité. Si vous voulez rendre hommage à un convive en particulier, en faire votre «invité d'honneur», vous devriez le faire asseoir face au sud, position de respect et de gloire.

La salle à manger est incontestablement la pièce où vous pouvez le plus tirer profit des miroirs; vous pouvez les disposer de façon qu'ils réfléchissent la table et les convives, multipliant ainsi, par l'illusion, le nombre de vos invités et l'abondance de votre table. Cela aura aussi pour effet d'accroître la prospérité dans votre demeure, pour vous et tous les membres de votre famille.

LA CUISINE

En mandarin, le mot «nourriture» a quasi la même consonance phonétique que le mot «richesse». Comme vous avez pu le remarquer tout au long de cet ouvrage, les Chinois attachent une grande importance aux homonymes, ou aux

ressemblances phonéti-
ques, que ceux-ci suggè-
rent une énergie positive
ou négative – rappelez-
vous le chiffre (maudit)
quatre dont la conso-
nance ressemble à celle
du mot «mort». Est-ce
cette similitude des mots
qui fait que les Chinois
accordent une si grande
importance à la cuisine,
l'acte comme la pièce?
Toujours est-il qu'il ne
faut pas vous surprendre

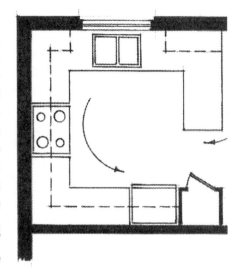

si, pour les Chinois, un réfrigérateur bien garni et un
garde-manger plein symbolisent la prospérité d'une
famille. En outre, une bonne réserve de denrées alimen-
taires symbolise aussi une bonne santé, le bien-être général
de la famille et la joie.

L'orientation de la cuisine idéale est sud-ouest; le sud
étant associé à l'élément du feu et l'ouest au métal – le
métal pour les poêles et les chaudrons qui sont les principaux instruments de cuisson. Cela dit, il faut tout de même
prendre garde à ne pas orienter la cuisine plein sud, car
cela pourrait provoquer un trop grand mouvement
d'énergie, ce qui aurait pour conséquence de soumettre les
résidants des lieux à des turbulences. Une orientation plein
nord est moins favorable à la disposition d'une cuisine,
mais vous pouvez corriger la situation en suspendant simplement un mobile près de la fenêtre afin d'encourager la
circulation de l'énergie positive.

Plusieurs maîtres de feng shui affirment qu'une bonne
circulation d'énergie *chi* dans la cuisine permet à celui ou à
celle qui cuisine de préparer de meilleurs repas. En plus de
sustenter le corps, ceux-ci alimenteront l'esprit et l'âme et
influenceront tout ce qui sera entrepris, des tâches les plus
banales aux projets les plus ambitieux. N'est-ce pas cette

influence qui expliquerait, tout au moins en partie, qu'au cours de réunions familiales ou de fêtes, plus souvent qu'autrement les gens ont tendance à se regrouper dans la cuisine? On peut comprendre facilement que, dans un monde moderne où tout se vit et se fait à un rythme trépidant, le confort, la quiétude et la chaleur d'une telle pièce prennent une dimension spéciale.

Il arrive également que la cuisine tienne lieu de salle à manger; son rôle est alors doublement important et toutes les caractéristiques de la salle à manger devraient s'appliquer à l'aménagement de la pièce, de même que de la table, des chaises et de l'atmosphère ambiante. Un climat de calme et de quiétude favorise une meilleure digestion – même les diététistes et les médecins le soulignent –, les discussions vives de toute nature devraient être évitées à tout prix; ce n'est ni le moment ni le lieu, car elles sont la source d'énergie négative et indisposent les convives. Si vous vous sentez irritable, essayez de vous détendre pendant quelques minutes avant de vous asseoir à table. L'atmosphère (et votre digestion!) ne s'en portera que mieux.

La cuisinière

La position de la cuisinière, symbolisée dans la culture chinoise par la cuisson du riz, s'avère un élément critique dans le feng shui, non seulement pour la cuisine elle-même, mais pour votre demeure entière. Par exemple, il est très important que vous ne soyez pas dos à la porte lorsque vous travaillez à la cuisinière, afin de ne pas être constamment surpris ou interrompu par les personnes présentes. Si vous cherchez à vous concentrer sur la préparation de la nourriture, vous pourriez être distrait, voire agacé, par ce mouvement incessant dans votre dos, et cela pourrait influer sur la préparation du repas. Un tel transfert d'énergie négative pourrait avoir des effets néfastes sur tous les membres de la famille et les convives invités à partager le repas. Cependant, si vous ne pouvez placer ailleurs votre cuisinière, installez un miroir au-dessus de la cuisinière; celui-ci aura pour effet d'empêcher que vous soyez surpris par l'activité et les gens, et il attirera, du même coup, la bonne fortune à toute la maisonnée.

L'équilibre entre les forces yin et yang est important dans la cuisine, probablement plus que n'importe où ailleurs dans la maison ou l'appartement, parce que la cuisine est la pièce où l'on trouve deux éléments opposés, le feu et l'eau, tous deux essentiels à la préparation des aliments. Le feu est yang alors que l'eau est yin; dans le but d'assurer l'équilibre et l'harmonie entre ces deux éléments antagonistes, il est vital de séparer la source d'eau de la source de feu. On comprendra aisément, dans cette dynamique, qu'il est peu recommandé de placer la cuisinière à côté de l'évier – en fait, ils ne devraient même pas être appuyés contre le même mur. Si vous ne pouvez les déplacer, il est possible de corriger cette situation en plaçant un élément de bois ou de métal entre les deux; une série de boîtes de métal ou une planche à découper feront parfaitement l'affaire.

Il est indispensable de garder votre cuisinière immaculée et que tous les éléments de cuisson soient en parfait état de fonctionnement. Selon les praticiens de feng shui, des éléments maculés risqueraient de mener à des problèmes de santé, tandis que des éléments défectueux provoqueraient des blocages sur le plan des revenus financiers.

Non seulement les éléments de la cuisinière sont-ils essentiels à la préparation des plats, mais ils ont également une importance intrinsèque. Leur «relation» directe avec l'élément symbolique du feu influence la prospérité et le succès de la famille. Vous feriez mieux de vous servir de tous les éléments, tour à tour, et régulièrement, plutôt que de ne vous servir exclusivement que de un ou deux – cela aurait pour effet d'augmenter les possibilités de revenus supplémentaires chez tous les membres de la famille. La chaleur et l'énergie dégagées régulièrement à travers toutes ces voies d'accès garderont les affaires et les occasions constantes en les empêchant de stagner et de «refroidir».

Comme le *chi* circule mieux dans une cuisine bien aérée et non encombrée, évitez de vous servir de cette pièce pour entreposer des boîtes et des objets qui n'ont aucune relation avec la fonction pour laquelle elle a été créée.

La couleur

Au contraire des autres pièces de la maison, il est bénéfique de peindre votre cuisine en blanc, car cette couleur est associée à des qualités qui s'harmonisent bien à la fonction du lieu (hormis, bien sûr, cette relation avec la mort). Le blanc est également la couleur idéale pour tous les appareils électroménagers, tels la cuisinière, le réfrigérateur, le lave-vaisselle, etc., de même que pour tous les accessoires de cuisine.

LA CHAMBRE À COUCHER

D'après les principes du feng shui, la chambre à coucher est la pièce la plus importante, tout simplement parce que c'est là où nous dormons et que la qualité de notre sommeil a une influence majeure sur le reste de notre existence, sans compter le nombre d'heures que nous dormons. Calculez une moyenne de huit heures par jour et projetez ce temps

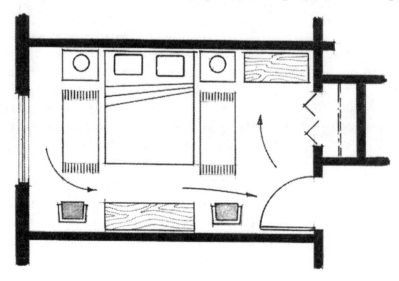

sur une période de quelques années, et vous obtiendrez un chiffre pour le moins impressionnant. Plus prosaïquement, retenez que vous passez près du tiers de votre vie dans votre chambre à coucher, pour dormir, pour faire l'amour, mais aussi pour lire et pour vous détendre. Bref, lorsque vous êtes étendu sur votre lit, vous faites plus que vous reposer; vous êtes en train de refaire le plein d'énergie, tant sur les plans physique que psychique et spirituel, afin de pouvoir retourner dans le monde extérieur et de poursuivre vos activités au mieux de vos capacités.

S'il se dégage une atmosphère de paix, de quiétude et d'harmonie de votre chambre à coucher, cela suggère que non seulement vous trouverez plus facilement le sommeil, mais aussi que la qualité de ce sommeil sera meilleure, ce qui ne manquera pas d'influencer votre qualité de vie en général. Par exemple, cela vous prédisposera à une bonne santé, à une saine sexualité, à l'harmonie dans votre couple, et quoi d'autre encore.

Cette pièce doit – ou devrait à tout le moins – être la plus personnelle de votre demeure, celle où vous vous sentez le plus à l'aise, le plus en *sécurité*. Il ne faut pas oublier que lorsque vous dormez, vous n'êtes plus conscient de ce qui se passe autour de vous et vous êtes nu comme un ver, vulnérable.

Selon la pensée orientale, lorsque nous dormons, l'âme quitte le corps, se déplace sur les plans de l'astral et se nourrit spirituellement; en Occident, nous considérons qu'il ne s'agit que de rêves. Mais quelle que soit l'idée ou la dimension à laquelle vous souscriviez, vous savez que lorsque votre conscient sommeille, votre subconscient, lui, reste actif, recréant et réorganisant vos émotions, vos souvenirs et préparant même ce qui va se passer dans votre vie.

Comme l'interaction entre votre conscient et votre subconscient est d'une importance capitale afin que vous puissiez fonctionner le mieux possible, il n'est sûrement pas vain d'accorder à l'aménagement et à la décoration de votre chambre à coucher l'importance qu'elle mérite. Vous devez choisir avec soin tous les accessoires et les symboles dont vous vous entourerez, en collant le plus possible aux enseignements du feng shui qui vous permettront de jouir au maximum des retombées positives de l'énergie *chi*.

La pièce

Idéalement, la chambre à coucher principale (ou «chambre des maîtres») devrait être située dans la partie sud-ouest de la maison, car cette direction régit tout ce qui touche la notion de partenariat, dans son sens le plus large. Si, par hasard, vous pouvez consacrer à la chambre à coucher une pièce au sud-ouest, située à l'arrière de la maison ou de l'appartement, le plus loin possible des bruits de la rue et des pièces familiales, vous aurez atteint l'orientation idéale, tel que le prône le feng shui. La chambre d'enfant devrait se trouver dans la partie nord-est de la maison, car cette direction est propice à tout ce qui régit la notion de connaissance.

Comme pour la forme générale de votre maison, les formes carrée et rectangulaire sont les plus favorables pour la chambre à coucher parce que, comme nous l'avons déjà dit et répété, le *chi* circule mieux dans une pièce de forme régulière. La hauteur du plafond est aussi relativement importante; un plafond trop bas crée un sentiment d'étouffement ou d'oppression chez la personne qui y dort, tandis qu'un plafond de type cathédrale disperse l'énergie de telle façon que vous ne pouvez réellement en profiter. La hauteur type des plafonds, de 2,5 à 3 mètres (de 8 à 10 pieds) environ, correspond parfaitement aux exigences du feng shui.

Le mobilier

On a souvent tendance à accrocher un miroir assez grand dans la chambre, question de pouvoir se voir de tout son long, ce qui est éminemment utile pour vérifier notre tenue avant de quitter la maison. Ceci dit, s'ils sont d'une grande utilité dans presque toutes les pièces de la maison, souvent pour corriger le flot d'énergie, il n'est pas recommandé d'en placer plus d'un dans la chambre à coucher. Il n'est d'ailleurs pas conseillé, dans la chambre à coucher, de placer plus d'un miroir quel qu'il soit, et encore à la condition qu'il ne soit pas placé en face du lit ou, mieux, qu'il ne reflète pas le lit. Parce qu'en Asie, où l'on croit que l'esprit d'une personne quitte son corps pendant la nuit pour voyager sur le plan astral, on affirme que le corps astral qui est confronté à sa propre image au moment de la sortie du corps physique peut provoquer un choc et perturber le sommeil du dormeur.

Il faut aussi prendre garde au choix et à la disposition du mobilier; vous devez toujours vous organiser afin de ne pas créer de coins anguleux qui pourraient déranger le flot énergétique ou diriger des flèches d'énergie négative sur vous, lorsque vous dormez. Le *bombardement* constant d'énergie négative, provenant de ces coins, peut, à court terme, causer une certaine irritabilité ou de la confusion; à long terme, cela peut même mener à des problèmes plus sérieux sur le plan de la santé. Mais, ici comme dans les autres pièces où nous avons abordé ce problème, on peut corriger cet obstacle en dissimulant l'angle ou le coin avec une plante, ce qui aura pour effet de dissoudre l'énergie négative; on peut également suspendre un cristal au plafond.

En ce qui a trait au mobilier en tant que tel, évitez de surcharger la pièce pour ne pas entraver la bonne circulation de l'énergie, comme ne pas créer artificiellement, non plus, d'angles aigus. Un ameublement dépouillé contribuera également à créer une bonne aération. Vous devez vous sentir bien dans votre chambre, pas oppressé par le poids de votre ameublement.

Où placer le lit?

Naturellement, la place du lit est essentielle: s'il n'est pas disposé favorablement, vous serez en déséquilibre, et cela, que vous soyez éveillé ou endormi, tout simplement parce que le *chi* ne circulera pas bien dans la pièce. Trouver l'emplacement idéal pour le lit est donc la première tâche à laquelle vous devez vous intéresser.

La chose probablement la plus importante dans la disposition est que le pied du lit ne se trouve pas en ligne directe avec la porte de la chambre. Cela se rapporte à certaines pratiques ancestrales, alors que dans la Chine antique (comme dans d'autres cultures, soit dit en passant) les morts étaient exposés avec leurs pieds pointant directement vers la porte, afin de faciliter la montée de leur âme vers le paradis. Côté pratique, cela facilitait aussi la tâche à ceux qui devaient les transporter à l'extérieur après l'exposition du corps! Bien que, de nos jours, nous n'exposions plus les morts dans les maisons, cette position particulière pour un lit reste connue comme étant celle du mort et, bien évidemment, personne ne veut dormir si longtemps!

Le *chi* doit pouvoir circuler librement à partir de la porte pour aller partout dans la chambre; un meuble aussi volumineux que le lit, placé dans l'angle de la porte, entraverait la bonne circulation de l'énergie. À cela, nous ajouterons le fait qu'avoir la tête dans la ligne de la porte vous place dans une position de vulnérabilité; si quelqu'un entre dans la pièce pendant que vous dormez, et que vous vous réveillez en sursaut, vous risquez d'être choqué de vous retrouver soudainement face à face avec un visiteur, si bien intentionné soit-il.

Idéalement, votre lit devrait être disposé en diagonale avec la porte, car cette position permet une meilleure circulation d'énergie dans la pièce, tout en vous protégeant des courants d'air, du dérangement causé par le passage de personnes devant la porte et de la distraction qui peut être provoquée par l'animation dans les autres pièces.

Les règles de feng shui vous invitent également à disposer le lit de façon que votre tête pointe vers le nord, pour autant que cette position n'enfreigne pas les principes évoqués dans les paragraphes précédents. Cet alignement nord-sud assure que votre corps est parallèle à l'axe de la terre et qu'il est en position favorable pour recevoir l'énergie magnétique qui émane du pôle nord. L'*entrée directe*, en quelque sorte, de cette énergie dans votre cerveau vous permet de mieux vous souvenir de vos rêves; on affirme aussi – mais c'est à chacun d'y croire ou de ne pas y croire – que cette position renforce les dons psychiques.

Ceci dit, il est déconseillé de placer votre lit sous la pente du plafond, une situation qui peut se présenter, notamment, dans les appartements en mansarde. Les angles formés par cette pente sont porteurs de *sha*, énergie négative qui peut causer des maux de tête, apporter de la confusion et même provoquer, à plus long terme, des difficultés plus sérieuses, et cela non seulement sur le plan de la santé, mais sur tous les plans de votre vie pratique.

Le décor et les accessoires

Lorsque vous décorez votre chambre à coucher, faites-le avec soin, tout en gardant vos buts et vos aspirations à l'esprit. Vous devriez y conserver vos symboles personnels afin de «faire passer» le message à votre subconscient et de hâter la concrétisation de vos désirs ou l'atteinte de vos objectifs. Encore une fois, rappelez-vous que le subconscient fonctionne avec des images, des symboles. Faites-le travailler pour vous pendant que vous dormez.

Il est bon d'avoir une vue agréable lorsqu'on s'éveille le matin; malheureusement, ce n'est pas toujours le cas. Si la vue de votre fenêtre de chambre est banale, voire insupportable, vous pouvez y remédier en plaçant une peinture ou une affiche représentant un paysage que vous aimez particulièrement. Ou encore créez un décor qui vous inspire, une table sur laquelle se trouvent quelques bibelots agréables ou n'importe quoi d'autre que vous aimez, mais gardez toujours à l'esprit la nécessité de ne pas surcharger la pièce. Attention aussi aux plantes; n'en ayez pas trop – une ou deux, au maximum, car si le jour elles produisent de l'oxygène (par la photosynthèse), la nuit elles rejettent du gaz carbonique. Une plante ne fera pas de différence, mais une jungle pourrait nuire à l'aération.

Le téléviseur, le magnétoscope et les espaces de rangement

Bien évidemment, il est déconseillé de vous servir de votre chambre à coucher comme espace de rangement, que ce soit pour des boîtes ou pour des piles de bouquins ou de papiers. Nous l'avons dit, il faut un certain dépouillement dans la chambre à coucher, question d'éviter d'entraver la circulation de l'énergie. Car un blocage de l'énergie, tout autant que sa circulation véloce, ou emballée, peut perturber votre sommeil. Il est également déconseillé de ranger des boîtes ou d'autres trucs sous votre lit; cela contribue à faire stagner le *chi*, ce qui peut susciter des problèmes de différentes natures.

Il n'est pas conseillé non plus d'avoir des pièces d'équipement électronique dans votre chambre. La radio, la chaîne stéréo, la télé, le magnétoscope et *tutti quanti* dégagent des ondes électromagnétiques qui peuvent délayer, sinon annuler, l'effet favorable de l'orientation nord-sud de votre lit. Et puis, comme nous l'avons déjà mentionné, la chambre à coucher doit être un lieu de détente et non pas un centre de divertissement. Évitez donc de l'encombrer avec les derniers gadgets à la mode et servez-vous de ce lieu pour méditer, pour vous retrouver. Le résultat sera beaucoup plus intéressant.

Par contre, si vous tenez absolument à avoir un téléviseur ou une chaîne stéréo dans votre chambre, placez-les dans une armoire dont vous pouvez fermer la ou les portes lorsque vous décidez de dormir.

Un coin travail?

Il arrive de plus en plus fréquemment qu'un coin de la chambre à coucher serve de bureau; si c'est votre cas, sachez que vous devriez limiter votre équipement au strict minimum, toujours dans le but d'éviter de surcharger la pièce. En outre, si vous pouvez le faire, placez votre table de travail dans le coin nord ou nord-est, ce qui devrait influencer favorablement votre travail.

La chambre d'enfant

Quelques mots à propos des chambres d'enfants. Les mêmes règles de base devraient s'appliquer que pour la chambre à coucher principale; toutefois, on essaiera – dans la mesure du possible, bien entendu – que son orientation soit nord-est. Quant aux couleurs que vous devrez privilégier, le turquoise semble la couleur la plus favorable, mais toutes les teintes ont également des effets bénéfiques. Il convient seulement d'éviter les couleurs trop vives, particulièrement si les enfants sont très actifs – après tout, vous ne voulez pas les garder éveillés toute la nuit!

LA SALLE DE BAIN

Il s'agit d'une pièce également importante, car elle vous permet de nettoyer votre corps de toutes les impuretés, qu'elles soient physiques, spirituelles ou émotionnelles. Dans le feng shui, cette pièce pose cependant un problème assez délicat parce que si l'eau est essentielle pour se laver, elle risque également, d'une certaine façon, de drainer votre prospérité; en raison de la symbolique que le feng

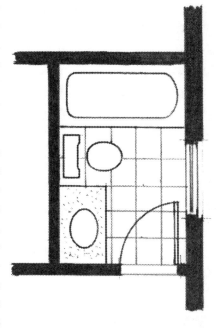

shui rattache à l'eau, elle est considérée comme le symbole de l'argent, et la laisser s'échapper entraîne la diminution de votre argent. Tout un dilemme, en somme!

Commençons par ce qu'il faudrait éviter de faire. Par exemple, la salle de bain ne devrait jamais être placée en face de la porte d'entrée, car cela risquerait de laisser s'échapper toute l'énergie positive à l'instant même où elle pénètre chez vous. Il est également défavorable, dans le cas d'une maison à paliers de style *split-level*, ou encore dans le cas d'un édifice à logements, de placer une salle de bain directement au-dessus de l'entrée de la maison. Cette disposition est considérée comme très néfaste et annonce, dit-on, des problèmes sérieux pour tous les membres de la famille.

La salle de bain devrait toujours être logée contre un mur donnant sur l'extérieur; elle ne devrait jamais être située au cœur de la maison, pour une question de ventilation et de circulation d'air, mais aussi parce que le centre de votre maison est considéré comme le centre des activités, emplacement qui devrait être réservé à la salle de séjour ou au salon. Il est aussi préférable que la salle de bain ne soit pas trop proche de la cuisine, ou encore située au-dessus de celle-ci, en raison de l'écoulement des eaux usées qui ne favorise pas l'émergence de l'harmonie. Il n'est pas facile de faire les transformations nécessaires (sans compter qu'il s'agit d'une opération plutôt onéreuse), mais vous pouvez tout de même corriger partiellement la situation, et annihiler une bonne partie de l'effet négatif, en plaçant un miroir en face de la porte de la salle de bain afin de diffuser l'énergie négative et de permettre la bonne circulation du *chi*.

Idéalement, la salle de bain devrait être de dimension confortable, sans être trop spacieuse pour autant; il s'agit d'une pièce *intime*, pas d'une salle de jeu – évitez donc également de l'encombrer afin que le *chi* circule bien. Quant aux murs, toute couleur pastel conviendra parfaitement, mais le bleu, couleur associée à l'eau, sera particulièrement bénéfique car il encouragera la circulation de l'énergie et, symboliquement, la circulation de l'argent à travers votre résidence et votre vie.

Ceci dit, comme la cuvette de la toilette, le bain, le ou les lavabos et tout le système de plomberie font de la salle de bain une pièce essentiellement yin, vous devez contrebalancer cet effet en utilisant des éléments yang, comme un éclairage brillant et des touches de couleurs vives. Cela contribuera à harmoniser l'équilibre et améliorera la qualité du *chi* dans la pièce.

Outre ces recommandations de base, la tradition feng shui est plutôt silencieuse en ce qui touche la salle de bain, pour ne pas dire qu'elle l'oublie presque au profit des autres pièces. C'est donc à chacun d'essayer d'équilibrer cette pièce au mieux de ses connaissances et à partir des principes de base du feng shui.

LE BUREAU

Le feng shui influence non seulement l'habitat, mais aussi le lieu de travail; les principes qui régissent la circulation de l'énergie, laquelle influe sur votre santé, votre bonheur et votre prospérité, restent donc les mêmes.

Un environnement de travail harmonieux favorisera votre créativité, votre pouvoir de concentration et vos habiletés intellectuelles. Par conséquent, l'agencement et l'aménagement de votre bureau ou de votre pièce de travail, à la maison ou dans un milieu strictement réservé à l'activité professionnelle, mérite toute votre attention.

Que vous utilisiez votre bureau à la maison pour conduire vos affaires, pour étudier ou simplement pour payer des comptes, vous de-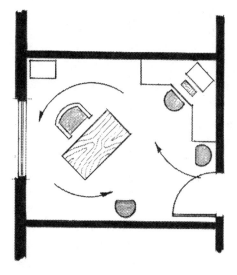vrez créer une atmosphère dans laquelle vous serez à même de vous concentrer et de penser le plus clairement possible. La disposition de votre table de travail ou de votre bureau est capitale, car son orientation affectera de façon significative votre carrière, vos affaires ou vos études.

Selon la position de votre bureau, vous serez en mesure de prendre ou non des décisions éclairées, de susciter ou non le respect de vos vis-à-vis, de réagir promptement ou non à l'évolution des situations. Bref, tout cela fera que vos affaires prospéreront ou non.

Il importe peu donc que votre bureau soit situé à la maison ou à l'extérieur de celle-ci, puisque les buts que vous visez restent les mêmes: vous devrez constamment «performer», et le mieux possible. Retenons-le, le bureau est un endroit où l'on mesure continuellement la qualité de votre travail, de vos efforts, où l'on jette un regard cru sur vos résultats.

Plus encore que dans l'habitat lui-même, où l'on a recours au feng shui pour, très souvent, influencer ou agir sur des facteurs essentiellement émotifs ou psychologiques, ou encore sur des facteurs *humains*, l'utilisation du feng shui dans un espace de travail vise habituellement des objectifs plus concrets, plus «matériels» – conclusion d'affaires, aboutissement de projets, rentrées financières, etc. Il n'est donc pas étonnant, en ce sens, que les correctifs apportés engendrent des résultats plus rapidement observables.

L'emplacement de votre bureau est la première et la plus importante considération selon le feng shui. On pourrait en comparer l'importance à celle qu'on doit accorder à l'emplacement du lit ou à celui de la cuisinière dans l'habitat. Le repos et l'alimentation constituent d'ailleurs, d'une certaine façon, des préalables à la qualité des efforts consacrés au travail, de même qu'à la poursuite d'objectifs professionnels – impossibles à concrétiser sans un équilibre de base.

Votre table de travail doit donc être placée en position d'«autorité»; vous devez faire face à la porte et être placé de façon à pouvoir observer la pièce d'un seul coup d'œil, sans avoir à vous déplacer. Cela vous permettra d'être attentif à tout ce qui se passe dans votre environnement et de mieux le maîtriser.

Avoir le dos à la porte encourage inconsciemment le doute, la suspicion, voire une légère paranoïa; on comprendra que cela favorisera l'émergence d'un courant d'énergie négative. Si vous êtes situé carrément dans la porte, vous ne pourrez pas contrôler votre espace. Voici quelques petits trucs pratiques.

- Si vous attendez des appels qui n'arrivent jamais, suspendez un petit cristal au-dessus de votre appareil téléphonique; cela activera le flot d'énergie et influencera favorablement les communications;

- Si vous êtes constamment dérangé par le téléphone, placez une grosse pierre ou un presse-papier à côté de celui-ci; cela ralentira le flot d'énergie et vos appels seront moins nombreux;

- Pour avoir plus de «pouvoir» ou d'influence pendant les conférences ou les réunions, asseyez-vous en face de la porte de la salle; cette position vous permettra d'être plus facilement conscient de la dynamique qui anime le groupe;

- Si vous devez partager votre espace de bureau, évitez d'avoir des tables de travail qui se font face. Cet agencement peut causer des conflits entre les personnes qui sont constamment l'une en face de l'autre;

- Des plantes et des fleurs contribuent à la bonne circulation de l'énergie dans un espace de travail;

- Si c'est possible, placez votre bureau dans le coin nord-est de la pièce;

- Les couleurs bleu et vert sont favorables pour l'environnement de travail;

- Pour atteindre la gloire et le succès, placez une bougie rouge dans le coin sud de votre pièce; une représentation du phénix est aussi très favorable, car cet oiseau est un symbole très puissant de succès;

- Tous les équipements électroniques devraient idéalement être placés contre le mur ouest ou tout au moins orientés dans cette direction; si c'est impossible, choisissez le mur sud-est;

- L'éclairage est essentiel pour travailler correctement; une lumière adéquate crée une source de *chi* positif constante, mais attention: une source de lumière trop brillante risque en revanche de vous distraire et d'être, en conséquence, une source d'énergie négative;

- Évitez d'encombrer votre ou vos surfaces de travail avec des piles de livres, de dossiers ou de papiers en désordre. Votre clarté d'esprit est tributaire de l'ordre que vous maintenez dans votre bureau;

- Des piles de comptes et de papiers vous distraient inconsciemment et vous empêchent de vous concentrer; éliminez donc ces distractions et vous constaterez rapidement une différence notable dans votre capacité de concentration et de résolution des problèmes;

- Il n'est pas toujours possible d'avoir une vue sur la mer ou sur une surface d'eau de la fenêtre de votre bureau. Qu'à cela ne tienne, vous pouvez remédier à ce problème en installant un aquarium, une fontaine ou simplement une toile représentant la mer, ce qui invitera la richesse à couler dans votre vie.

LES ANTIQUITÉS
ET LES SYMBOLES

Il ne s'agit pas ici de discuter de style ou d'époque, nous avons chacun nos goûts et nos préférences; il s'agit plutôt de regarder les antiquités et les symboles d'un strict point de vue feng shui. Les antiquités et les accessoires de décoration ont tous une valeur symbolique qu'il faut (re)connaître et utiliser à bon escient.

Les antiquités devraient d'ailleurs être choisies avec circonspection, l'énergie qu'elles véhiculent provenant des propriétaires précédents et pouvant être tout autant la source d'influences positives que négatives. La question est justement de savoir quel type d'énergie recèle l'objet que vous possédez ou convoitez.

Informez-vous donc, tout d'abord, dans la mesure du possible, de l'historique du meuble ou de l'objet; une pièce qui a connu de nombreux propriétaires est susceptible d'avoir emmagasiné plusieurs influences contraires et c'est peut-être justement en raison d'une énergie négative que les propriétaires précédents s'en sont départis. En général, si un meuble ou un accessoire dégage une énergie positive, semble apporter une influence bénéfique, les propriétaires n'auront pas tendance à s'en départir.

Un meuble ou un accessoire provenant d'un lieu où l'on a commis un crime peut garder l'empreinte de cet acte violent. Les armes blanches ont également tendance à conserver une aura de violence, particulièrement si elles ont servi à tuer ou à blesser quelqu'un – humain ou animal. Si vous possédez ce genre d'armes (sabres, épées, couteaux, etc.), ou encore des armes à feu, conservez-les dans des armoires fermées à clé. D'une part, c'est un geste responsable sur le plan de la sécurité et, d'autre part, cela aura pour effet d'annuler l'énergie négative qui émane de celles-ci. Vous pouvez aussi placer des flûtes de bambou de chaque côté de l'armoire afin d'en faire disparaître symboliquement l'énergie.

Dans cette même perspective, les trophées de chasse possèdent une aura très négative; le plaisir ressenti par le chasseur est tout à fait noyé par l'essence de la mort. Ce n'est pas le genre de symboles que vous désirerez conserver près de vous, particulièrement dans votre coin de prospérité! Il en va de même pour les armes à feu.

DISCERNER LE TYPE D'ÉNERGIE

Si vous ne pouvez trouver de renseignements sur l'objet que vous désirez acheter, vous devrez alors vous fier à votre intuition pour tenter de découvrir si l'énergie entourant cette pièce est positive ou négative. Les praticiens du feng shui conseillent de faire le vide dans notre esprit, de placer notre main dominante sur l'objet, d'attendre quelques instants en respirant profondément: nous devrions alors ressentir une vague impression à propos de l'objet en question. Attention, il ne s'agit pas de révélation ou de vision, mais simplement de pressenti.

Si le sentiment ou l'émotion que vous ressentez est positif, si vous vous sentez *à l'aise* avec l'objet, cela signifie que l'énergie résiduelle de celui-ci est favorable; en revanche, si vous ressentez un certain trouble, une vague impression de malaise, évitez d'acheter cet objet, aussi beau et aussi tentant soit-il. Fiez-vous d'ailleurs à cette impression plutôt qu'à l'aspect esthétique de l'objet. Il peut arriver qu'un objet un peu abîmé, qui a besoin d'être restauré, soit parfaitement en accord avec l'énergie de votre habitat, alors qu'une antiquité en parfait état pourra dégager une énergie trouble ou négative.

Pour ce qui est des toiles et des peintures, fiez-vous à ce que vous aimez vraiment. Il est parfois difficile de discerner la signification d'une œuvre abstraite, alors vos impressions devraient être en mesure de vous guider vers un choix judicieux. Lorsque vous décidez de décorer votre maison selon les principes du feng shui, gardez à l'esprit que vous devez toujours vous fier à vos goûts et à vos préférences (qui reflètent votre véritable personnalité) plutôt qu'aux modes. En règle générale, tournez-vous vers des peintures ou des affiches qui expriment une certaine joie de vivre, car leur énergie vous influencera favorablement. Dans le même ordre d'idées, les illustrations, quelles qu'elles soient, évoquant la mort ou la violence sont absolument à éviter, car ces œuvres dégagent une énergie très négative.

Les miroirs sont des symboles d'ouverture: ils ouvrent la voie à l'énergie positive, comme vous avez pu le constater au fil de certains conseils, et vous permettent de la diriger là où vous le désirez. Ils ont certes comme propriété d'agrandir les espaces et d'éclairer les coins sombres, mais vous devez tout de même éviter de trop les utiliser dans une pièce bien éclairée, car ils peuvent alors produire une surcharge d'énergie. En outre, trop de miroirs dans une pièce brouille la démarcation entre l'illusion et la réalité; ultimement, inconsciemment, cela peut rendre confuses les personnes qui y séjournent pendant de trop longues heures. Évitez donc de placer plus de deux surfaces réfléchissantes dans une pièce.

Les plantes et les aquariums sont des purificateurs d'énergie qui attirent le *sha* pour transformer cette énergie négative en énergie positive, ou en *chi*, si vous préférez.

Rappelez-vous toujours que le décor de votre maison est plus que le reflet de ce que vous êtes; c'est aussi le reflet de ce que vous deviendrez.

REDÉCORER, RÉNOVER OU DÉMÉNAGER

À mesure que notre situation se transforme – que la famille s'agrandit, que nos buts ou nos objectifs évoluent, que notre situation financière change –, nous nous retrouvons en présence de cette sempiternelle question: redécorer, rénover ou déménager?

Dans une telle situation, il faut avant tout redéfinir ce qu'on a et ce qu'on désire. Il faut que tous les occupants de l'habitat en discutent ensemble, qu'ils tracent les jalons de la faisabilité et redonnent vie au rêve qui semble en voie de disparaître. Les trois raisons les plus souvent invoquées: le nombre de résidants a augmenté, ce nombre a diminué et, enfin, la situation a carrément changé.

Dans le premier cas, une augmentation d'espace est souhaitable. Si l'on est dans l'impossibilité d'agrandir l'enveloppe extérieure, une réorganisation intérieure s'impose. Malheureusement, reconnaissons-le, rares sont les solutions idéales dans un tel cas et, très souvent, en raison des coûts que cela suggère, il est parfois avantageux de considérer sérieusement l'option du déménagement.

Dans le deuxième cas, celui où le nombre des usagers a diminué, la solution semble plus facile. Cependant, la prudence s'impose. Les parents qui voient leurs enfants quitter l'habitat un à un doivent se demander si, un jour, leur progéniture ne reviendra pas, ne serait-ce que périodiquement. La question que vous devrez alors vous poser, particulièrement si vous êtes propriétaire de la maison, est de savoir s'il est justifié de diminuer ou de transformer radicalement le nombre d'éléments de l'habitat, tout en gardant à l'esprit l'élément coût et, éventuellement, le prix de revente de la propriété.

Le troisième cas est probablement celui auquel nous devons le plus souvent faire face: contrairement aux deux premiers, où les besoins pratiques ont été modifiés, ici, c'est le rêve ou les attentes qui ont été transformés.

CHOISIR ET DÉCIDER

Du modeste *bachelor* en sous-sol dans un quartier populaire au luxueux *penthouse* du centre-ville, il y a toujours place pour l'amélioration et l'aménagement de bon goût, sans que cela entre en opposition avec les principes du feng shui. Nous l'avons déjà dit, celui-ci s'intègre parfaitement et, habituellement, sans trop de difficulté aux règles de base qui régissent les arts modernes de l'habitation. L'ameublement, le choix judicieux des couleurs, des rideaux, des accessoires, l'agencement d'un éclairage harmonieux, tout cela peut transformer un banal logis en nid confortable. Parfois, un trompe-l'œil ou un miroir suffit à créer un bon feng shui.

Aussi significatifs que soient les changements que vous désirez apporter, vous ne devez jamais vous décourager, car le découragement ou la lassitude, pour ne pas dire la langueur, peuvent miner votre moral et perturber votre équilibre. Certes, puisque certaines modifications majeures ne seront pas permises ou ne seront pas possibles, vous devrez envisager d'apporter toute votre énergie à l'aménagement de votre habitat, par l'ameublement, la décoration et les accessoires. Le choix du logement ou de la maison ayant été fait en fonction des besoins, le lieu devrait être suffisamment acceptable pour convenir à l'ensemble des membres qui y logeront d'une façon permanente. Si, par contre, tel n'est pas le cas, et si c'est le prix de votre équilibre, vous devrez alors envisager le déménagement.

Dans l'hypothèse, cependant, où le logement (ou la maison) est satisfaisant, vous devrez essentiellement vous concentrer sur la réorganisation de l'espace, non sans intégrer les principes du feng shui. Ceux-ci préconisent une disposition positive de l'ameublement, une libre circulation entre les éléments qui le composent, une orientation qui répond à certains critères symboliques et spirituels. Que ce soit pour les pièces communes (salon, salle de séjour, salle de jeu, cuisine, coin repas, salle à manger) ou les pièces individuelles (chambres, salles de travail, bureau à domicile), les principes sont les mêmes: l'aménagement doit agir d'une façon positive sur la fonction afin de libérer le *chi*, l'énergie vitale et indispensable à l'accomplissement de cette fonction.

Il ne s'agit donc pas ici de travailler avec l'«enveloppe extérieure», mais bien de s'ingénier à trouver, à l'intérieur de l'espace physique déterminé, un «arrangement» qui maximisera l'énergie nécessaire à toutes les opérations qui seront faites dans cet espace.

Faites donc ce que vous croyez être nécessaire pour assurer l'harmonie et l'équilibre de votre habitat, sans craindre d'afficher une note de fantaisie, laquelle est toujours acceptable à la condition qu'elle soit de bon goût, sans vulgarité. Vous pouvez ajouter une note de poésie aussi... la vie est tellement plus agréable avec un peu de poésie!

UNE ACTION À LA FOIS

Voici maintenant quelques étapes que vous devriez suivre pour vous aider à prendre les meilleures décisions, tout en combinant votre raison, votre intuition ainsi que votre imagination. De cette façon, l'énergie de votre esprit conscient et celle de votre subconscient s'associeront pour vous aider à concrétiser ou à atteindre vos objectifs.

Nous vous suggérons cependant de ne vous concentrer que sur un seul but à la fois; d'une part, la tâche en est ainsi simplifiée et, d'autre part, les résultats se manifesteront plus rapidement que si vous dispersiez votre concentration et votre énergie en mille directions à la fois. Il vaut mieux vous concentrer pendant quelques semaines ou quelques mois sur un seul but et assister à une amélioration significative plutôt que de tenter de tout réaliser à la fois et de ne rien réussir, si ce n'est d'accroître le taux d'insatisfaction ou de frustration dans votre vie. Voici quelques conseils pour vous aider.

- Dressez la liste des buts ou des objectifs que vous considérez comme les plus importants;

- Examinez soigneusement chacun de ces buts, chacun de ces objectifs, de façon à en réduire la liste à ceux qui sont *vraiment* essentiels;

- Choisissez le but ou l'objectif qui pourrait avoir le plus d'influence sur votre vie présente, celui qui pourrait le mieux engendrer les transformations souhaitées: c'est sur ce but que vous allez concentrer toute votre énergie pendant les trois prochains mois;

- Déterminez la nature de ce but, et les principes ou les règles de feng shui (pièce la plus propice, orientation, couleurs, symboles, etc.) qui pourraient vous aider à l'atteindre, en permettant la meilleure circulation du *chi*;

- Effectuez les changements nécessaires, et n'hésitez pas à faire participer les autres occupants de l'habitat afin que ce but devienne une entreprise familiale;

- Le soir, en vous couchant, prenez quelques minutes pour penser à ce but; visualisez-vous en train de l'atteindre, pensez à la joie que vous ressentirez;

- Faites le même exercice en vous levant le matin;

- À la fin du délai de trois mois, évaluez l'évolution de la situation et voyez si d'autres correctifs ne pourraient pas être profitables. Cela dit, en règle générale, vous serez surpris des résultats.

RÉCAPITULATION
(ou le guide pratique
du feng shui en un clin d'œil!)

Voici, en un coup d'œil, les points saillants des principes et des règles du feng shui dont nous avons discuté précédemment.

Ces listes énumératives n'offrent évidemment pas tous les principes qui animent le feng shui ni toutes les solutions à tous les problèmes, mais elles vous offriront néanmoins, un peu sur le principe de l'aide-mémoire, la possibilité de voir en un coup d'œil les aspects les plus significatifs et, dans certains cas, les corrections que vous devriez apporter à votre habitat. Dans d'autres cas, vous pourrez consulter le chapitre ou la section correspondante du livre pour trouver les solutions suggérées.

L'EXTÉRIEUR, LA PORTE D'ENTRÉE ET LE VESTIBULE

- L'entrée est le premier accès à votre maison, c'est aussi le lien entre l'énergie yang de l'extérieur et l'énergie yin de votre intérieur; assurez-vous donc qu'une bonne circulation existe entre les deux;

- Le chemin pour accéder de la rue à votre porte d'entrée doit être facile d'accès et agréable;

- Si un mur entoure la maison, il faut éviter que celui-ci étouffe la résidence ou la cache complètement;

- Le parterre avant doit être soigneusement entretenu, les arbres et les plantes, en bonne santé et bien taillés;

- Dans le cas où un garage est rattaché à l'habitat, il doit y avoir une avenue indépendante du garage pour se rendre à votre porte d'entrée principale;

- La porte d'entrée ne doit pas faire face directement à la rue, à une intersection ou à une voie sans issue;

- L'entrée de votre maison ne devrait pas faire face à un poteau électrique ou téléphonique, ni à l'arête d'un autre immeuble;

- Il n'est pas favorable que votre porte d'entrée donne sur une église, un temple ou un cimetière, pas plus d'ailleurs que sur un bar ou un établissement du même genre, car de telles situations tendent à aspirer l'énergie positive de votre demeure;

- Il n'est pas favorable que la porte avant et la porte arrière soient en ligne directe;

- La porte d'entrée doit être plus importante que la porte arrière de votre maison;

- La porte d'entrée doit être proportionnelle à la taille de la maison, ni trop grande ni trop petite;

- Il ne devrait y avoir qu'une seule porte d'entrée; évitez les portes doubles;

- La porte d'entrée doit être accueillante, sans peinture écaillée ou débris sur le porche; côté luminaire, remplacez immédiatement les ampoules brûlées;

- Il est préférable que la porte d'entrée soit à un niveau plus élevé que la rue;

- Si des marches conduisent à votre porte d'entrée, il ne faut pas que celles-ci soient trop raides ou trop étroites; idéalement, la base de l'escalier devrait être plus large que le haut.

LES COULOIRS

- Les longs couloirs en droite ligne accélèrent le flot du *chi* et le rendent souvent négatif; palliez ce problème en «adoucissant» la ligne grâce à des plantes ou à des accessoires;

- Les couloirs ne doivent pas être trop vides ni trop encombrés; ils doivent refléter l'harmonie du reste de la demeure;

- Dans le cas de couloirs étroits, il est approprié de choisir des nuances très claires et de suspendre des miroirs pour accroître l'impression d'espace;

- Lorsque plusieurs portes donnent dans le même couloir, il faudrait chercher à éviter qu'elles s'ouvrent directement les unes sur les autres; elles devraient donner sur un mur.

LA SALLE DE SÉJOUR OU LE SALON

- C'est la pièce qui constitue le cœur de votre vie familiale et sociale; comme c'est une pièce yang, elle devrait idéalement se situer près de la porte d'entrée;

- La salle de séjour devrait toujours être au même niveau que la porte d'entrée, jamais plus bas;

- L'aménagement et l'atmosphère de cette pièce reflètent le statut social, professionnel et financier des résidants; l'énergie qui y circule doit y être fluide de façon que chacun s'y sente à l'aise;

- Comme c'est une pièce qui «appartient» à toute la famille, c'est là où l'énergie familiale est retenue ou dispersée; c'est là aussi que se dessine la réalisation ou la non-réalisation des rêves de chacun;

- Les fenêtres ne doivent pas y être prédominantes, car elles dispersent l'énergie vitale;

- Idéalement, cette pièce ne devrait pas s'ouvrir sur plusieurs autres;

- Le volume des différentes pièces d'ameublement doit créer un ensemble agréable et harmonieux à l'œil;

- L'ameublement de votre salle de séjour devrait être agencé simplement et élégamment; les meubles devraient être d'un même style ou d'un style complémentaire; les couleurs devraient aussi s'harmoniser;

- C'est l'endroit où vous devez exposer vos plus belles toiles ou vos plus beaux accessoires ou objets d'art. Par contre, évitez d'y exhiber des armes, des antiquités ou des objets, aussi beaux soient-ils, provenant de temples ou d'églises, car cela pourrait perturber l'harmonie familiale;

- Les plantes de votre salle de séjour devraient être assez grosses pour être disposées directement sur le sol; évitez de les suspendre au plafond;

- L'éclairage devrait être judicieusement choisi, particulièrement au cours de la soirée;

- Si vous possédez un foyer, il est préférable que celui-ci ne soit pas visible de la porte d'entrée; lorsque vous ne l'utilisez pas, assurez-vous que ses portes sont bien fermées, car un âtre sans feu disperse l'énergie vitale;

- Assurez-vous que vous, et éventuellement votre conjoint, pouvez vous asseoir le dos au mur lorsque vous recevez des invités.

LA SALLE À MANGER

- Cette pièce ne devrait servir qu'à nourrir les membres de la famille, non seulement par les repas qui y sont servis, mais aussi par les conversations qui s'y tiennent;

- Gardez à l'esprit que cette pièce doit être apaisante; les objets d'art et les peintures qui s'y trouvent doivent être au goût de tous, ce n'est pas l'endroit approprié pour imposer son autorité;

- La salle à manger est d'énergie yang, c'est-à-dire dynamique et créative; aussi doit-elle être atténuée par certains accessoires dépouillés, identifiés au yin, de façon que les convives ne fassent pas que passer, mais prolongent le temps des repas;

- Autant que faire se peut, placez les chaises des membres de la famille contre un mur sans fenêtre;

- Les appareils électroménagers, gros et petits, ne devraient pas se trouver dans la salle à manger.

LA CUISINE

- La cuisine, qui est une pièce yang, devrait avoir une forme régulière, de préférence carrée ou rectangulaire;

- Le plafond de la cuisine ne devrait pas avoir plus de 3 mètres (10 pieds) de hauteur;

- Dans cette pièce, les deux éléments principaux sont l'eau et le feu; il est donc impératif que le feu (cuisinière et four à micro-ondes) et l'eau (évier, lave-vaisselle) soient en équilibre;

- Il est important que la cuisinière et l'évier ne soient pas placés directement l'un en face de l'autre, car cela crée des oppositions; en revanche, ils peuvent être côte à côte mais séparés par une cloison artificielle;

- On peut placer l'évier sous une fenêtre, mais jamais la cuisinière;

- Idéalement, on ne devrait pas voir la cuisinière de la porte d'entrée;

- Il est préférable d'orienter la cuisinière au sud ou à l'est, les directions associées au soleil; de plus, la position par excellence est lorsqu'elle est coincée entre deux murs.

LES CHAMBRES À COUCHER

- Toutes les chambres à coucher relèvent du yin, puisque ce sont des endroits de détente et de repos;

- Les chambres à coucher devraient, dans la mesure du possible, se trouver à l'arrière de la maison, en retrait du bruit et des activités;
- La chambre principale ne devrait pas être déterminée par les dimensions de la pièce, mais plutôt par la qualité du *chi*;
- La forme des chambres devrait être carrée plutôt que rectangulaire – jamais circulaire;
- Le lit ne devrait pas être en ligne directe avec la porte; le flot d'énergie vitale ne doit pas non plus être bloqué par le lit;
- La tête du lit devrait être placée contre un mur sans fenêtre et sans miroir;
- Il est recommandé de placer le lit dans un axe nord-sud, la tête étant au nord;
- Rien ne devrait être suspendu au-dessus du lit; évitez également de placer le lit sous une poutre ou une lucarne;
- Évitez de placer le lit sous un plafond en pente ou dans une pièce au plafond trop bas;
- Les couleurs de la chambre à coucher devraient être douces et inciter au repos et au sommeil; évitez donc les couleurs trop lumineuses;
- Le nombre de miroirs se trouvant dans la chambre devrait être limité; idéalement, pas plus d'un miroir ne devrait s'y trouver et évitez de le placer au pied ou à la tête du lit;
- La chambre à coucher devrait être un endroit calme et serein, très intime, pas une salle de divertissement;
- Le téléviseur et tout autre équipement électronique, si vous tenez absolument à en avoir dans cette pièce, devraient être rangés dans une armoire que vous fermerez la nuit.

LA SALLE DE BAIN

- Il s'agit d'une pièce yin, puisque c'est un lieu rattaché symboliquement à la purification;

- La salle de bain devrait rester simple, intime, bref, dépouillée;
- Évitez de placer la douche ou le bain contre une fenêtre;
- Tous les équipements de la salle de bain devraient être en bon état; réparez-les le plus rapidement possible, le cas échéant.

LE BUREAU

- Qu'il se trouve à la maison ou à votre lieu de travail, le bureau est une pièce yang, dynamique. Par contre, cette énergie doit être équilibrée avec le yin, de façon que vous puissiez vous y concentrer pendant de longues périodes;
- La forme de la pièce devrait être carrée ou rectangulaire;
- Votre bureau ne doit pas être en ligne directe avec la porte;
- Il est déconseillé de placer votre bureau de façon que la porte d'entrée soit dans votre dos;
- Le coin, diagonalement opposé à la porte, représente le coin le plus favorable de cette pièce; si cela vous est possible, placez-y votre table de travail ou votre bureau;
- Vous devez faire face à un mur lorsque vous pénétrez dans un bureau; une plante peut le garnir ou une toile pour y attirer l'énergie positive; si la porte fait face à une fenêtre, l'énergie bénéfique sort aussi rapidement qu'elle y entre;
- Si votre bureau est installé à la maison et que vous recevez des visiteurs, il devrait se trouver près de la porte d'entrée;
- Le mur directement derrière votre bureau devrait être laissé nu afin que l'attention du ou des visiteurs ne soit pas détournée ni distraite;

- Évitez de placer les chaises des visiteurs dos à une fenêtre ou à la porte, cela les mettrait en position de défense;

- Évitez de placer votre table de travail sous une fenêtre ou un miroir;

- Si vous effectuez un travail de création, les meubles devraient être de forme ovale, ou encore posséder des courbes; si vous œuvrez dans le domaine de la finance, un ameublement carré est plus approprié;

- Évitez de suspendre des plantes ou des lampes directement au-dessus du bureau ou de la table de travail.

TABLE DES MATIÈRES